Ma désillusion en Russie

Emma Goldman

Writat

Cette édition parue en 2024

ISBN : 9789359949253

Publié par
Writat
email : info@writat.com

Selon les informations que nous détenons, ce livre est dans le domaine public. Ce livre est la reproduction d'un ouvrage historique important. Alpha Editions utilise la meilleure technologie pour reproduire un travail historique de la même manière qu'il a été publié pour la première fois afin de préserver son caractère original. Toute marque ou numéro vu est laissé intentionnellement pour préserver sa vraie forme.

Contenu

PRÉFACE

J'avais pris la décision d'enregistrer mes expériences, mes observations et mes réactions pendant mon séjour en Russie bien avant de penser à quitter ce pays. En fait, c'est la raison principale qui m'a poussé à quitter ce pays tragiquement héroïque.

Les plus forts d'entre nous répugnent à abandonner un rêve de longue date. J'étais venu en Russie avec l'espoir de trouver un pays nouveau-né, avec un peuple entièrement consacré à la grande, quoique très difficile, tâche de reconstruction révolutionnaire. Et j'avais ardemment espéré pouvoir devenir une partie active de ce travail inspirant.

J'ai trouvé la réalité en Russie grotesque, totalement différente du grand idéal qui m'avait porté sur la crête de l'espoir vers la terre promise. Il m'a fallu quinze longs mois avant de pouvoir m'orienter. Chaque jour, chaque semaine, chaque mois ajoutait de nouveaux maillons à la chaîne fatale qui a détruit mon édifice chéri. J'ai lutté désespérément contre la désillusion. Pendant longtemps, j'ai lutté contre la voix silencieuse en moi qui me poussait à faire face à des faits accablants. Je ne voulais pas et je ne pouvais pas abandonner.

Puis vint Cronstadt. Ce fut la clé finale. Cela a complété la terrible prise de conscience que la révolution russe n'existait plus.

J'ai vu devant moi l'État bolchevique, redoutable, écrasant tout effort révolutionnaire constructif, supprimant, avilissant et désintégrant tout. Incapable et peu disposé à devenir un rouage de cette sinistre machine, et conscient que je ne pourrais être d'aucune utilité pratique pour la Russie et son peuple, j'ai décidé de quitter le pays. Une fois sorti de là, je me racontais honnêtement, franchement et aussi objectivement qu'il est humainement possible l'histoire de mon séjour de deux années en Russie.

Je suis parti en décembre 1921. J'aurais alors pu écrire, fraîchement sous l'influence de cette horrible expérience. Mais j'ai attendu quatre mois avant de pouvoir me résoudre à écrire une série d'articles. J'ai attendu encore quatre mois avant de commencer le présent volume.

Je n'ai pas la prétention d'écrire une histoire. Éloigné de cinquante ou cent ans des événements qu'il décrit, l'historien peut paraître objectif. Mais la véritable histoire n'est pas une simple compilation de données. Il n'a aucune valeur sans l'élément humain que l'historien tire nécessairement des écrits des contemporains des événements en question. Ce sont les réactions personnelles des participants et des observateurs qui donnent de la vitalité à toute l'histoire et la rendent vivante et vivante. Ainsi, de nombreuses histoires ont été écrites sur la Révolution française ; Pourtant, il n'y en a que quelques-uns qui ressortent vrais et convaincants, révélateurs de la mesure dans laquelle l'historien a *ressenti* son sujet à travers le médium des documents humains laissés par les contemporains de l'époque.

Moi-même – et je crois que c'est le cas de la plupart des étudiants en histoire – j'ai ressenti et visualisé la Grande Révolution française de manière beaucoup plus vivante à partir des lettres et des journaux intimes de contemporains, tels que Mme. Roland, Mirabeau et autres témoins oculaires, que de la part des historiens dits objectifs. Par une étrange coïncidence, un volume de lettres écrites pendant la Révolution française et compilées par le talentueux publiciste anarchiste allemand Gustav Landauer, est tombé entre mes mains pendant la période la plus critique de mon expérience russe. En fait, je les lisais en entendant l'artillerie bolchevique commencer le bombardement des rebelles de Cronstadt. Ces lettres m'ont donné un aperçu très vivant des événements de la Révolution française. Comme jamais auparavant, ils m'ont fait prendre conscience que le régime bolchevique en Russie était, dans l'ensemble, une réplique significative de ce qui s'était passé en France plus d'un siècle auparavant.

De grands interprètes de la Révolution française, comme Thomas Carlyle et Peter Kropotkine, ont puisé leur compréhension et leur inspiration dans les récits humains de cette période. De même, les futurs historiens de la Grande Révolution russe – s'ils veulent écrire une histoire réelle et non une simple compilation de faits – s'inspireront des impressions et des réactions de ceux qui ont vécu la Révolution russe, qui ont partagé la misère et le labeur de la Grande Révolution russe. le peuple, et qui ont réellement participé ou été témoins du panorama tragique dans son déroulement quotidien.

Lorsque j'étais en Russie, je n'avais aucune idée précise de ce qui avait déjà été écrit sur le sujet de la révolution russe. Mais les quelques livres qui me parvenaient parfois me semblaient très insuffisants. Ils ont été rédigés par des personnes n'ayant aucune connaissance directe de la situation et étaient malheureusement superficiels. Certains écrivains avaient passé de deux semaines à deux mois en Russie, ne connaissaient pas la langue du pays et étaient dans la plupart des cas accompagnés par des guides et interprètes officiels. Je ne parle pas ici des écrivains qui, en Russie et hors de Russie, jouent le rôle de fonctionnaires de cour bolcheviques. Ils constituent une classe à part. J'en parle dans le chapitre sur les « Voyageurs de commerce de la Révolution ». Je pense ici aux amis sincères de la révolution russe. Le travail de la plupart d'entre eux a entraîné une confusion et des méfaits incalculables. Ils ont contribué à perpétuer le mythe selon lequel les bolcheviks et la Révolution sont synonymes. Pourtant, rien n'est plus éloigné de la vérité.

La *véritable* Révolution russe a eu lieu pendant les mois d'été de 1917. Durant cette période, les paysans s'emparaient de la terre, les ouvriers des usines, démontrant ainsi qu'ils connaissaient bien le sens de la révolution sociale. Le changement d'octobre constituait la touche finale au travail commencé six mois auparavant. Dans le grand soulèvement, les bolcheviks ont pris la voix du peuple. Ils se sont revêtus du programme agraire des socialistes-révolutionnaires et de la tactique industrielle des anarchistes. Mais après que le grand enthousiasme révolutionnaire les eut portés au pouvoir, les bolcheviks se débarrassèrent de leurs faux panaches. C'est alors que commença la séparation spirituelle entre les bolcheviks et la révolution russe. De jour en jour, le fossé se creusait, leurs intérêts de plus en plus conflictuels. Aujourd'hui, il n'est pas exagéré d'affirmer que les bolcheviks sont les ennemis jurés de la révolution russe.

Les superstitions ont la vie dure. Dans le cas de cette superstition moderne, le processus est doublement difficile car divers facteurs se sont combinés pour administrer la respiration artificielle. L'intervention internationale, le blocus et la propagande mondiale très efficace du Parti communiste ont maintenu le mythe bolchevique en vie. Même la terrible famine est exploitée à cette fin.

Je me rends compte de la puissance de l'emprise de la superstition, d'après ma propre expérience. J'ai toujours su que les bolcheviks étaient marxistes. Pendant trente ans, j'ai combattu la théorie marxiste comme une formule froide, mécaniste et asservissante. Dans des brochures, des conférences et des débats, j'ai argumenté contre cette idée. Je n'ignorais donc pas ce qu'on pouvait attendre des bolcheviks. Mais l'attaque alliée contre eux en fit le symbole de la révolution russe et m'amena à leur défense.

De novembre 1917 à février 1918, alors que j'étais libéré sous caution pour mon attitude contre la guerre, j'ai parcouru l'Amérique pour défendre les bolcheviks. J'ai publié une brochure expliquant la révolution russe et justifiant les bolcheviks. Je les ai défendus comme incarnant *dans la pratique* l'esprit de la révolution, malgré leur marxisme théorique. Mon attitude à leur égard à cette époque est caractérisée dans les passages suivants de ma brochure « La vérité sur les bolcheviks » : [1]

> La Révolution russe est un miracle à plus d'un titre. Entre autres paradoxes extraordinaires, il présente le phénomène des sociaux-démocrates marxistes, Lénine et Trotsky, qui adoptent des tactiques révolutionnaires anarchistes, tandis que les anarchistes Kropotkine, Tcherkessov, Tchaïkovski nient ces tactiques et tombent dans le raisonnement marxiste, qu'ils ont répudié toute leur vie comme " " Métaphysique allemande. »

> Les bolcheviks de 1903, bien que révolutionnaires,
> adhéraient à la doctrine marxiste concernant
> l'industrialisation de la Russie et la mission historique de la
> bourgeoisie en tant que processus d'évolution nécessaire
> avant que les masses russes puissent s'épanouir. Les
> bolcheviks de 1917 ne croient plus à la fonction prédestinée
> de la bourgeoisie. Ils ont été emportés par les vagues de la
> Révolution jusqu'au point de vue défendu par les
> anarchistes depuis Bakounine ; à savoir qu'une fois que les
> masses prennent conscience de leur pouvoir économique,
> elles créent leur propre histoire et n'ont pas besoin d'être
> liées par des traditions et des processus d'un passé mort qui,
> comme des traités secrets, sont conclus lors d'une table
> ronde et ne sont pas dictés par la vie elle-même. .

En 1918, Madame Breshkovsky visita les États-Unis et commença sa campagne contre les bolcheviks. J'étais alors au pénitencier du Missouri. Attristé et choqué par l'œuvre de la « Petite grand-mère de la révolution russe », je lui ai écrit pour la supplier de réfléchir à elle-même et de ne pas trahir la cause pour laquelle elle avait donné sa vie. A cette occasion, j'ai souligné le fait que même si aucun de nous n'était en théorie d'accord avec les bolcheviks, nous devrions pourtant être un avec eux dans la défense de la Révolution.

Lorsque les tribunaux de l'État de New York ont confirmé les méthodes frauduleuses par lesquelles j'ai été privé de mon droit de vote et que ma citoyenneté américaine de trente-deux ans m'a été refusée, j'ai renoncé à mon droit d'appel afin de pouvoir retourner en Russie et contribuer à la grande œuvre. . Je croyais avec ferveur que les bolcheviks faisaient avancer la révolution et s'employaient en faveur du peuple. Je me suis accroché à ma foi et à mes convictions pendant plus d'un an après mon arrivée en Russie.

L'observation et l'étude, les nombreux voyages à travers diverses régions du pays, la rencontre avec toutes les nuances d'opinion politique et toutes les variétés d'amis et d'ennemis des bolcheviks, tout m'a convaincu de l'horrible illusion qui avait été imposée au monde.

Je fais référence à ces circonstances pour indiquer que mon changement d'avis et de cœur a été un processus douloureux et difficile, et que ma décision finale de m'exprimer est pour la seule raison que les gens du monde entier puissent apprendre à faire la différence entre les bolcheviks et la révolution russe.

La conception conventionnelle de la gratitude est qu'il ne faut pas critiquer ceux qui lui ont fait preuve de gentillesse. Grâce à cette notion, les parents asservissent leurs enfants plus efficacement que par un traitement brutal ; et par cela les amis se tyrannisent les uns les autres. En fait, toutes les relations humaines sont aujourd'hui viciées par cette idée nocive.

Certains m'ont reproché mon attitude critique à l'égard des bolcheviks. "Comme c'est ingrat d'attaquer le gouvernement communiste après l'hospitalité et la gentillesse dont il a bénéficié en Russie", s'indignent-ils. Je ne veux pas nier que j'ai bénéficié d'avantages pendant mon séjour en Russie. J'aurais pu en recevoir bien plus si j'avais été prêt à servir les pouvoirs en place. C'est précisément cette circonstance qui m'a rendu très difficile de dénoncer les maux tels que je les ai vus jour après jour. Mais finalement j'ai réalisé que le silence est bien un signe de consentement. Ne pas crier contre la trahison de la Révolution russe aurait fait de moi un complice de cette trahison. La Révolution et le bien-être des masses en Russie et à l'étranger sont de loin trop importants pour moi pour permettre qu'une quelconque considération personnelle envers les communistes que j'ai rencontrés et appris à respecter obscurcisse mon sens de la justice et m'amène à m'abstenir de donner à le monde mes deux années d'expérience en Russie.

Dans certains milieux, des objections s'élèveront sans doute, car je n'ai pas donné les noms des personnes que je cite. Certains pourraient même exploiter ce fait pour discréditer ma véracité. Mais je préfère y faire face plutôt que de livrer qui que ce soit à la tendre merci de la Tchéka, ce qui résulterait inévitablement si je divulguais les noms des communistes ou des non-communistes qui se sentaient libres de me parler. Ceux qui connaissent la situation réelle en Russie et qui ne sont pas sous l'influence hypnotique de la superstition bolchevique ou à l'emploi des communistes me confirmeront que j'ai donné une image fidèle. Le reste du monde l'apprendra en temps voulu.

Des amis dont j'apprécie l'opinion ont été assez bons pour suggérer que ma querelle avec les bolcheviks est due à ma philosophie sociale plutôt qu'à l'échec du régime bolchevique. En tant qu'anarchiste, prétendent-ils, j'insisterais naturellement sur l'importance de l'individu et de la liberté personnelle, mais dans la période révolutionnaire, les deux doivent être subordonnées au bien de l'ensemble. D'autres amis soulignent que la destruction, la violence et le terrorisme sont des facteurs inévitables d'une révolution. En tant que révolutionnaire, disent-ils, je ne peux pas systématiquement m'opposer à la violence pratiquée par les bolcheviks.

Ces deux critiques seraient justifiées si j'étais venu en Russie dans l'espoir de voir l'anarchisme réalisé, ou si je soutenais que les révolutions peuvent se faire pacifiquement. Pour moi, l'anarchisme n'a jamais été un arrangement mécaniste de relations sociales imposé à l'homme par un changement de scène politique ou par un transfert de pouvoir d'une classe sociale à une autre. Pour moi, l'anarchisme était et est l'enfant, non pas de la destruction, mais de la construction – le résultat de la croissance et du développement des efforts sociaux créatifs conscients d'un peuple régénéré. Je ne m'attends donc pas à ce que l'anarchisme suive les traces immédiates de siècles de despotisme et de soumission. Et je ne m'attendais certainement pas à le voir introduit par la théorie marxiste.

J'espérais cependant trouver en Russie au moins les prémices des changements sociaux pour lesquels la Révolution avait été menée. Ce n'était pas le sort de l'individu qui était ma principale préoccupation en tant que révolutionnaire. J'aurais été satisfait si les ouvriers et les paysans russes dans leur ensemble avaient obtenu une amélioration sociale essentielle grâce au régime bolchevique.

Deux années d'études, d'investigations et de recherches sérieuses m'ont convaincu que les grands bénéfices apportés au peuple russe par le bolchevisme n'existent que sur le papier, peints de couleurs éclatantes aux masses d'Europe et d'Amérique par une propagande bolchevique efficace. En tant que magiciens de la publicité, les bolcheviks surpassent tout ce que le monde a connu auparavant. Mais en réalité, le peuple russe n'a rien gagné de l'expérience bolchevique. Certes, les paysans possèdent la terre ; non pas par la grâce des bolcheviks, mais grâce à leurs propres efforts directs, mis en branle bien avant le changement d'octobre. Le fait que les paysans aient pu conserver leurs terres est dû en grande partie à la ténacité statique des Slaves ; Etant donné qu'ils constituent de loin la plus grande partie de la population et qu'ils sont profondément enracinés dans le sol, ils ne pourraient pas en être arrachés aussi facilement que les ouvriers à leurs moyens de production.

Les ouvriers russes, comme les paysans, employèrent également l'action directe. Ils s'emparaient des usines, organisaient leurs propres comités d'entreprise et contrôlaient virtuellement la vie économique de la Russie. Mais bientôt ils furent dépossédés de leur pouvoir et placés sous le joug industriel de l'État bolchevique. L'esclavage devient le lot du prolétariat russe. Elle fut supprimée et exploitée au nom de quelque chose qui devait plus tard lui apporter confort, lumière et chaleur. Malgré tous mes efforts, je n'ai trouvé nulle part la moindre preuve d'avantages reçus soit par les ouvriers, soit par les paysans, du régime bolchevique.

D'un autre côté, j'ai trouvé la foi révolutionnaire du peuple brisée, l'esprit de solidarité brisé, le sens de la camaraderie et de l'entraide déformé. Il faut avoir vécu en Russie, proche des affaires quotidiennes du peuple ; il faut avoir vu et ressenti leur totale désillusion et leur désespoir pour apprécier pleinement l'effet désintégrant du principe et des méthodes bolcheviques, désintégrant tout ce qui était autrefois la fierté et la gloire de la Russie révolutionnaire.

Je ne conteste pas l'argument selon lequel la destruction et la terreur font partie de la révolution. Je sais que dans le passé, tout grand changement politique et social nécessitait la violence. L'Amérique serait peut-être encore sous le joug britannique sans les colons héroïques qui ont osé s'opposer à la tyrannie britannique par la force des armes. L'esclavage des Noirs serait peut-être encore une institution légalisée aux États-Unis sans l'esprit militant des John Brown. Je n'ai jamais nié que la violence soit inévitable, et je ne le conteste pas non plus aujourd'hui. Pourtant, c'est une chose d'employer la violence au combat, comme moyen de défense. C'en est une autre de faire du terrorisme un principe, de l'institutionnaliser, de lui assigner la place la plus vitale dans la lutte sociale. Un tel terrorisme engendre la contre-révolution et devient à son tour contre-révolutionnaire.

Rarement une révolution a été menée avec aussi peu de violence que la révolution russe. La Terreur rouge n'aurait pas non plus suivi si le peuple et les forces culturelles étaient restés aux commandes de la Révolution. Cela a été démontré par l'esprit de camaraderie et de solidarité qui a prévalu dans toute la Russie pendant les premiers mois qui ont suivi la révolution d'Octobre. Mais une infime minorité déterminée à créer un État absolu est nécessairement poussée à l'oppression et au terrorisme.

Il y a une autre objection à ma critique de la part des communistes. La Russie est en grève, disent-ils, et il est contraire à l'éthique pour un révolutionnaire de se ranger du côté des travailleurs alors qu'ils font grève contre leurs patrons. C'est de la pure démagogie pratiquée par les bolcheviks pour faire taire la critique.

Il n'est pas vrai que le peuple russe soit en grève. Au contraire, la vérité est que le peuple russe a été mis *en lock-out* et que l'État bolchevique – même en tant que maître industriel bourgeois – utilise l'épée et le fusil pour empêcher le peuple d'entrer. Dans le cas des bolcheviks, cette tyrannie est masquée par un slogan qui fait vibrer le monde : ils ont ainsi réussi à aveugler les masses. Juste parce que je suis un révolutionnaire, je refuse de me ranger du côté de la classe maîtresse, qui en Russie s'appelle le Parti communiste.

Jusqu'à la fin de mes jours, ma place sera parmi les déshérités et les opprimés. Peu m'importe que la tyrannie règne au Kremlin ou dans n'importe quel autre siège des puissants. Je ne pouvais rien faire pour souffrir la Russie pendant que j'étais dans ce pays. Peut-être puis-je faire quelque chose maintenant en soulignant les leçons de l'expérience russe. Ce n'est pas uniquement mon souci du peuple russe qui m'a motivé à écrire ce volume : c'est mon intérêt pour les masses du monde entier.

Les masses, comme l'individu, ne peuvent pas facilement apprendre de l'expérience des autres. Pourtant, ceux qui ont acquis l'expérience doivent s'exprimer, ne serait-ce que parce qu'ils ne peuvent pas, en toute justice envers eux-mêmes et envers leur idéal, soutenir la grande illusion qui leur a été révélée.

EMMA GOLDMAN.

Berlin, juillet 1922.

NOTE DE BAS DE PAGE:

[1] Mother Earth Publishing Association, New York, février 1917.

CHAPITRE PREMIER
DÉPORTATION VERS LA RUSSIE

Dans la nuit du 21 décembre 1919, avec deux cent quarante-huit autres prisonniers politiques, j'ai été expulsé d'Amérique. Même si l'on savait généralement que nous allions être expulsés, rares étaient ceux qui croyaient vraiment que les États-Unis renieraient aussi complètement leur passé d'asile pour les réfugiés politiques, dont certains vivaient et travaillaient en Amérique depuis plus de trente ans.

Dans mon propre cas, la décision de m'éliminer a été connue pour la première fois lorsqu'en 1909, les autorités fédérales ont fait tout leur possible pour priver du droit de vote l'homme dont le nom m'avait donné la citoyenneté. Si Washington a attendu jusqu'en 1917, c'est parce que le moment psychologique pour la finale manquait. J'aurais peut-être dû contester ma cause à ce moment-là. Avec l'opinion publique alors dominante, les tribunaux n'auraient probablement pas soutenu les procédures frauduleuses qui m'ont privé de ma citoyenneté. Mais il ne semblait pas alors crédible que l'Amérique se soumette à la méthode tsariste de déportation.

Notre agitation anti-guerre a alimenté l'hystérie guerrière de 1917 et a ainsi fourni aux autorités fédérales l'occasion souhaitée de mettre à terme la conspiration commencée contre moi à Rochester, New York, en 1909.

C'est le 5 décembre 1919, alors que j'étais en train de donner une conférence à Chicago, que j'ai été informé par télégraphie que l'ordre de mon expulsion était définitif. La question de ma citoyenneté a ensuite été soulevée devant le tribunal, mais elle a bien sûr été tranchée défavorablement. J'avais eu l'intention de porter l'affaire devant un tribunal supérieur, mais j'ai finalement décidé de ne pas pousser l'affaire plus loin : la Russie soviétique m'attirait.

Les autorités étaient ridiculement secrètes au sujet de notre expulsion. Jusqu'au dernier moment, nous restâmes dans l'ignorance de l'heure. Puis, de manière inattendue, aux petites heures du 21 décembre, nous avons été emportés. La scène préparée pour cette représentation était des plus passionnantes. Il était six heures du matin le dimanche 21 décembre 1919, lorsque, sous un lourd convoi militaire, nous montâmes à bord du *Buford*.

Pendant vingt-huit jours nous étions prisonniers. Des sentinelles aux portes de nos cabines jour et nuit, des sentinelles sur le pont pendant l'heure où nous avions quotidiennement la permission de respirer l'air frais. Nos camarades étaient enfermés dans des quartiers sombres et humides, misérablement nourris, dans l'ignorance totale de la direction que nous allions prendre. Pourtant, notre moral était bon : la Russie, la Russie libre et nouvelle était devant nous.

Toute ma vie, la lutte héroïque de la Russie pour la liberté a été pour moi un phare. Le zèle révolutionnaire de ses hommes et femmes martyrisés, que ni la forteresse ni *le katorga* ne pouvaient réprimer, a été mon inspiration dans les heures les plus sombres. Lorsque la nouvelle de la Révolution de Février a fait le tour du monde, j'avais envie de me précipiter vers le pays qui avait accompli le miracle et libéré son peuple du joug séculaire du tsarisme. Mais l'Amérique m'a retenu. La pensée de trente ans de lutte pour mes idéaux, pour mes amis et associés, m'empêchait de m'arracher. J'irais en Russie plus tard, pensais-je.

Puis vint l'entrée de l'Amérique dans la guerre et la nécessité de rester fidèle au peuple américain qui avait été emporté par l'ouragan contre sa volonté. Après tout, j'avais une grande dette, je devais ma croissance et mon développement à ce qu'il y avait de meilleur en Amérique, à ses combattants pour la liberté, aux fils et filles de la révolution à venir. Je leur serais fidèle. Mais les militaristes frénétiques ont rapidement mis fin à mon travail.

Finalement, je me dirigeai vers la Russie et tout le reste fut presque effacé. Je verrais de mes propres yeux *Matushka Rossiya* , la terre libérée des maîtres politiques et économiques ; la *dubinushka* russe , comme on appelait le paysan, ressuscitée de la poussière ; l'ouvrier russe, le Samson moderne, qui, d'un geste de son bras puissant, avait abattu les piliers d'une société en décomposition. Les vingt-huit jours passés sur notre prison flottante se sont déroulés dans une sorte de transe. J'étais à peine conscient de mon environnement.

Finalement, nous atteignîmes la Finlande, que nous fûmes obligés de traverser dans des wagons plombés. A la frontière russe, nous avons été accueillis par un comité du gouvernement soviétique dirigé par Zorine. Ils étaient venus saluer les premiers réfugiés politiques chassés d'Amérique pour le plaisir de l'opinion.

C'était une journée froide, avec une terre recouverte d'une couche blanche, mais le printemps était dans nos cœurs. Bientôt, nous devions voir la Russie révolutionnaire. Je préférais être seul lorsque je touchais le sol sacré : mon exaltation était trop grande et je craignais de ne pas pouvoir contrôler mon émotion. Quand j'arrivai à Beloöstrov, le premier accueil enthousiaste réservé aux réfugiés était terminé, mais l'endroit était encore surchargé d'émotions intenses. Je pouvais sentir le respect et l'humilité de notre groupe qui, traité comme des criminels aux États-Unis, a été reçu ici comme de chers frères et camarades et accueilli par les soldats rouges, les libérateurs de la Russie.

De Beloöstrov nous avons été conduits au village où une autre réception avait été préparée : une salle sombre et remplie jusqu'à l'étouffement, la plate-forme éclairée par des bougies de suif, un immense drapeau rouge, sur la scène un groupe de femmes en tenue de religieuses noires. Je me tenais comme dans un rêve dans le silence haletant. Soudain, une voix retentit. Il battait comme du métal dans mes oreilles et ne semblait pas inspiré, mais il parlait des grandes souffrances du peuple russe et des ennemis de la Révolution. D'autres se sont adressés au public, mais j'étais retenu par les femmes en noir, leurs visages horribles dans la lumière jaune. Étaient-ce vraiment des religieuses ? La Révolution avait-elle même franchi les murs de la superstition ? L'Aube Rouge avait-elle fait irruption dans la vie étroite de ces ascètes ? Tout cela semblait étrange, fascinant.

D'une manière ou d'une autre, je me suis retrouvé sur la plate-forme. Je n'ai pu que laisser échapper que, comme mes camarades, je n'étais pas venu en Russie pour enseigner : j'étais venu pour apprendre, pour tirer d'elle nourriture et espoir, pour déposer ma vie sur l'autel de la Révolution.

Après la réunion, nous avons été escortés jusqu'au train en attente de Petrograd, les femmes à capuche noire entonnant "Internationale", tout le public se joignant à nous. J'étais dans la voiture avec notre hôte, Zorin, qui avait vécu en Amérique et parlait couramment l'anglais. . Il a parlé avec enthousiasme du gouvernement soviétique et de ses merveilleuses réalisations. Sa conversation était éclairante, mais une phrase m'a paru discordante. Parlant de l'organisation politique de son parti, il a déclaré : « Tammany Hall n'a rien contre nous, et quant à Boss Murphy, nous pourrions lui apprendre une chose ou deux. Je pensais que cet homme plaisantait. Quelle relation pourrait-il y avoir entre Tammany Hall, Boss Murphy et le gouvernement soviétique ?

Je m'informai de nos camarades qui étaient accourus d'Amérique aux premières nouvelles de la Révolution. Beaucoup d'entre eux étaient morts au front, m'a informé Zorine, d'autres travaillaient pour le gouvernement soviétique. Et Chatov ? William Chatov, brillant orateur et organisateur compétent, était une personnalité bien connue en Amérique, fréquemment associée à nos travaux. Nous lui avions envoyé un télégramme de Finlande et avons été très surpris de son absence de réponse. Pourquoi Chatov n'est-il pas venu à notre rencontre ? "Chatov a dû partir pour la Sibérie, où il doit occuper le poste de ministre des Chemins de fer", a expliqué Zorine.

A Petrograd, notre groupe a de nouveau reçu une ovation. Ensuite, les déportés étaient conduits au célèbre palais tauride, où ils devaient être nourris et hébergés pour la nuit. Zorin a demandé à Alexandre Berkman et à moi-même d'accepter son hospitalité. Nous sommes entrés dans l'automobile qui attendait. La ville était sombre et déserte ; pas une âme vivante que l'on puisse voir nulle part. Nous n'étions pas allés très loin lorsque la voiture s'est arrêtée brusquement et une lumière électrique a clignoté dans nos yeux. C'était la milice qui exigeait le mot de passe. Petrograd avait récemment repoussé l'attaque de Yudenitch et était toujours sous la loi martiale. Le processus a été répété fréquemment tout au long du parcours. Peu avant d'arriver à destination, nous sommes passés devant un bâtiment bien éclairé. "C'est notre commissariat", a expliqué Zorin, "mais nous y avons peu de prisonniers actuellement. La peine capitale est abolie et nous avons récemment proclamé une amnistie politique générale."

Bientôt, l'automobile s'est arrêtée. « La Première Maison des Soviets », dit Zorine, « le lieu de résidence des membres les plus actifs de notre Parti ». Zorin et sa femme occupaient deux chambres meublées simplement mais confortablement. Du thé et des rafraîchissements furent servis, et nos hôtes nous divertirent avec l' histoire captivante de la merveilleuse défense que les ouvriers de Petrograd avaient organisée contre les forces de Yudenitch. Avec quelle héroïsme les hommes et les femmes, même les enfants, s'étaient précipités à la défense de la Ville Rouge ! Quelle merveilleuse autodiscipline et quelle coopération le prolétariat a démontré. La soirée se passa dans ces réminiscences, et j'étais sur le point de me retirer dans la chambre qui m'était réservée lorsqu'une jeune femme arriva qui se présenta comme la belle-sœur de « Bill » Chatov. Elle nous a accueillis chaleureusement et nous a demandé de monter voir sa sœur qui habitait à l'étage supérieur. Lorsque nous sommes arrivés à leur appartement, je me suis retrouvé dans les bras du grand Bill jovial lui-même. Comme c'est étrange de la part de Zorine de me dire que Chatov était parti pour la Sibérie ! Qu'est-ce que cela signifiait ? Chatov expliqua qu'on lui avait ordonné de ne pas nous rencontrer à la frontière, pour éviter qu'il nous donne nos premières impressions de la Russie soviétique. Il est tombé en disgrâce auprès du gouvernement et est envoyé en Sibérie pour un quasi-exil. Son voyage avait été retardé et c'est pourquoi nous l'avons quand même retrouvé.

Nous avons passé beaucoup de temps avec Chatov avant qu'il ne quitte Petrograd. Pendant des journées entières, j'ai écouté son histoire de la Révolution, avec ses lumières et ses ombres, et la tendance croissante des bolcheviks vers la droite. Chatov insistait cependant sur la nécessité que tous les éléments révolutionnaires travaillent avec le gouvernement bolchevique. Bien sûr, les communistes avaient commis de nombreuses erreurs, mais ce qu'ils ont fait était inévitable, imposé par l'ingérence alliée et le blocus.

Quelques jours après notre arrivée, Zorine nous demanda, Alexandre Berkman et moi, de l'accompagner à Smolny. Smolny, l'ancien pensionnat pour les filles de l'aristocratie, avait été le centre des événements révolutionnaires. Presque chaque pierre avait joué son rôle. C'était désormais le siège du gouvernement de Petrograd. J'ai trouvé l'endroit fortement gardé et donnant l'impression d'une ruche de fonctionnaires et d'employés du gouvernement. Le Département de la Troisième Internationale était particulièrement intéressant. C'était le domaine de Zinoviev. J'ai été très impressionné par l'ampleur de tout cela.

Après nous avoir fait visiter les lieux, Zorin nous a invités dans la salle à manger Smolny. Le repas consistait en une bonne soupe, de la viande et des pommes de terre, du pain et du thé – plutôt un bon repas dans une Russie affamée, pensai-je.

Notre groupe de déportés était cantonné à Smolny. J'étais inquiet pour mes compagnes de voyage, les deux filles qui avaient partagé ma cabine sur le *Buford* . Je souhaitais les ramener avec moi à la Première Maison du Soviet. Zorin les a fait venir. Ils arrivèrent très excités et nous dirent que tout le groupe de déportés avait été placé sous garde militaire. La nouvelle était surprenante. Les gens qui avaient été chassés d'Amérique en raison de leurs opinions politiques, sont à nouveau prisonniers dans la Russie révolutionnaire, trois jours après leur arrivée. Que s'était-il passé ?

Nous nous sommes tournés vers Zorin. Il semblait gêné. "Une erreur", dit-il, et il commença immédiatement à se renseigner. Il s'est avéré que quatre criminels ordinaires avaient été découverts parmi les politiques déportés par le gouvernement des États-Unis et qu'une garde avait donc été placée sur l'ensemble du groupe. La procédure m'a semblé injuste et injustifiée. C'était ma première leçon de méthodes bolcheviques.

CHAPITRE II
PETROGRAD

Mes parents avaient déménagé à Saint-Pétersbourg quand j'avais treize ans. Sous la discipline d'une école allemande à Königsberg et l'attitude prussienne à l'égard de tout ce qui est russe, j'avais grandi dans une atmosphère de haine envers ce pays. Je redoutais surtout les terribles nihilistes qui avaient tué le tsar Alexandre II, si bons et si gentils, comme on me l'avait appris. Saint-Pétersbourg était pour moi une mauvaise chose. Mais la gaieté de la ville, sa vivacité et son éclat dissipèrent bientôt mes chimères d'enfant et firent apparaître la ville comme un rêve féerique. Puis ma curiosité fut éveillée par le mystère révolutionnaire qui semblait planer sur tout le monde et dont personne n'osait parler. Quand, quatre ans plus tard, je suis parti avec ma sœur pour l'Amérique, je n'étais plus la Gretchen allemande à qui la Russie inspirait le mal. Mon âme entière avait été transformée et la graine plantée pour ce qui allait être l'œuvre de ma vie. Surtout, Saint-Pétersbourg est resté dans ma mémoire une image vivante, pleine de vie et de mystère.

J'ai trouvé Petrograd de 1920 dans un endroit tout à fait différent. Elle était presque en ruine, comme si un ouragan l'avait balayée. Les maisons ressemblaient à de vieilles tombes brisées sur des cimetières négligés et oubliés. Les rues étaient sales et désertes ; toute vie leur avait disparu. La population de Petrograd avant la guerre était de près de deux millions d'habitants ; en 1920, il était tombé à cinq cent mille. Les gens se promenaient comme des cadavres vivants ; la pénurie de nourriture et de carburant sapait lentement la ville ; la mort sinistre lui serrait le cœur. Des hommes, des femmes et des enfants émaciés et gelés étaient fouettés par le fouet commun, à la recherche d'un morceau de pain ou d'un bâton de bois. C'était un spectacle déchirant le jour, un poids oppressant la nuit. Les nuits du premier mois à Petrograd furent particulièrement épouvantables. Le calme absolu de la grande ville était paralysant. Cela me hantait assez, ce silence terriblement oppressant, interrompu seulement par des coups de feu occasionnels. Je restais éveillé en essayant de percer le mystère. Zorine n'a-t-il pas dit que la peine capitale avait été abolie ? Pourquoi cette fusillade ? Les doutes me troublaient l'esprit, mais j'essayais de les écarter. J'étais venu pour apprendre.

Une grande partie de mes premières connaissances et impressions sur la Révolution d'Octobre et les événements qui ont suivi, je les ai reçues des Zorins. Comme je l'ai déjà mentionné, tous deux avaient vécu en Amérique, parlaient anglais et étaient désireux de m'éclairer sur l'histoire de la Révolution. Ils étaient dévoués à la cause et travaillaient très dur ; lui, surtout, qui était secrétaire du comité de Petrograd de son parti, en plus de diriger le quotidien *Krasnaya Gazetta* et de participer à d'autres activités.

C'est grâce à Zorin que j'ai entendu parler pour la première fois de ce personnage légendaire, Makhno. Ce dernier était un anarchiste, m'a-t-on appris, qui, sous le tsar, avait été condamné à *katorga*. Libéré par la révolution de Février, il devint le chef d'une armée paysanne en Ukraine, se montrant extrêmement capable et audacieux et accomplissant un travail magnifique pour la défense de la Révolution. Pendant quelque temps, Makhno a travaillé en harmonie avec les bolcheviks, combattant les forces contre-révolutionnaires. Puis il est devenu hostile, et maintenant son armée, recrutée parmi des éléments de bandits, combattait les bolcheviks. Zorin raconta qu'il faisait partie d'un comité envoyé à Makhno pour parvenir à un accord. Mais Makhno n'a pas voulu entendre raison. Il poursuit sa guerre contre les Soviétiques et est considéré comme un dangereux contre-révolutionnaire.

Je n'avais aucun moyen de vérifier cette histoire et j'étais loin de ne pas croire les Zorin. Tous deux semblaient très sincères et dévoués à leur travail, des types de fanatiques religieux prêts à brûler les hérétiques, mais également prêts à sacrifier leur propre vie pour leur cause. J'ai été très impressionné par la simplicité de leur vie. Occupant un poste à responsabilité, Zorin aurait pu recevoir des rations spéciales, mais ils vivaient très mal, leur souper étant souvent composé uniquement de hareng, de pain noir et de thé. J'ai trouvé cela particulièrement admirable parce que Lisa Zorin était enceinte à ce moment-là.

Deux semaines après mon arrivée en Russie, j'ai été invité à assister à la commémoration d'Alexandre Herzen au Palais d'Hiver. La salle de marbre blanc où avait lieu le rassemblement semblait intensifier le gel glacial, mais les personnes présentes ne se souciaient pas du froid pénétrant. Moi aussi, je n'avais conscience que d'une situation unique : Alexandre Herzen, l'un des révolutionnaires les plus détestés de son temps, honoré au Palais d'Hiver ! Souvent avant que l'esprit d'Herzen ne pénètre dans la maison des Romanov. C'est alors que le « Kolokol », publié à l'étranger et étincelant de l'éclat d'Herzen et de Tourgueniev, sera découvert d'une manière mystérieuse sur le bureau du tsar. Aujourd'hui, les tsars n'existent plus, mais l'esprit d'Herzen s'est réveillé et assiste à la réalisation du rêve d'un des grands hommes de Russie.

Un soir, on m'informa que Zinoviev était revenu de Moscou et qu'il me verrait. Il est arrivé vers minuit. Il avait l'air très fatigué et était constamment dérangé par des messages urgents. Notre conversation était d'ordre général, sur la situation grave en Russie, la pénurie de nourriture et de carburant alors particulièrement poignante, et sur la situation du travail en Amérique. Il souhaitait savoir « dans combien de temps la révolution pourrait être attendue aux États-Unis ». Il ne m'a laissé aucune impression précise, mais j'étais conscient de quelque chose qui manquait chez cet homme, même si je ne pouvais pas déterminer à l'époque exactement ce que c'était.

Un autre communiste que j'ai vu une grande partie des premières semaines était John Reed. Je l'avais connu en Amérique. Il vivait à l'Astoria, travaillait dur et préparait son retour aux États-Unis. Il devait traverser la Lettonie et il semblait inquiet de l'issue. Il était en Russie dans les jours d'octobre et c'était sa deuxième visite. Comme Chatov, il a également insisté sur le fait que les côtés sombres du régime bolchevique étaient inévitables. Il croyait ardemment que le gouvernement soviétique sortirait de ses lignes partisanes étroites et qu'il établirait bientôt le Commonwealth communiste. Nous avons passé beaucoup de temps ensemble, discutant des différentes phases de la situation.

Jusqu'à présent, je n'avais rencontré aucun anarchiste et leur absence de visite m'a plutôt surpris. Un jour, un ami que j'avais connu aux États-Unis est venu me demander si je verrais plusieurs membres d'une organisation anarchiste. J'ai volontiers accepté. D'eux, j'ai appris une version de la révolution russe et du régime bolchevique totalement différente de celle que j'avais entendue auparavant. C'était si surprenant, si terrible que je ne pouvais pas y croire. Ils m'ont invité à assister à une petite réunion qu'ils avaient convoquée pour me présenter leurs points de vue.

Le dimanche suivant, je suis allé à leur conférence. En passant devant la perspective Nevski, près de la rue Liteiny, je suis tombé sur un groupe de femmes serrées les unes contre les autres pour se protéger du froid. Ils étaient entourés de soldats, parlant et gesticulant. Ces femmes, j'ai appris, étaient des prostituées qui se vendaient pour une livre de pain, un morceau de savon ou de chocolat. Les soldats étaient les seuls à pouvoir les acheter grâce à leurs rations supplémentaires. La prostitution dans la Russie révolutionnaire. Je me demandais. Que fait le gouvernement communiste pour ces malheureux ? Que font les soviets ouvriers et paysans ? Mon escorte sourit tristement. Le gouvernement soviétique avait fermé les maisons de prostitution et s'efforçait désormais de chasser les femmes de la rue, mais la faim et le froid les repoussèrent de nouveau ; en outre, il fallait ménager les soldats. C'était trop horrible, trop incroyable pour être réel, et pourtant ils étaient là, ces créatures frissonnantes à vendre et leurs acheteurs, les défenseurs rouges de la Révolution. "Les maudits interventionnistes, le blocus, ils sont responsables", a déclaré mon escorte. Eh bien, oui, les contre-révolutionnaires et le blocus sont responsables, me suis-je rassuré. J'ai essayé d'écarter l'idée de ce groupe regroupé, mais cela m'accrochait. J'ai senti quelque chose se briser en moi.

Nous arrivâmes enfin au quartier anarchiste, dans une maison délabrée au milieu d'une cour crasseuse. J'ai été conduit dans une petite pièce remplie d'hommes et de femmes. Ce spectacle rappelait les images d'il y a trente ans, lorsque, persécutés et traqués d'un endroit à l'autre, les anarchistes d'Amérique étaient obligés de se réunir dans une salle miteuse d'Orchard Street, à New York, ou dans l'arrière-salle sombre d'un saloon. C'était dans l'Amérique capitaliste. Mais c'est la Russie révolutionnaire, que les anarchistes ont contribué à libérer. Pourquoi devraient-ils se rassembler en secret et dans un tel endroit ?

Ce soir-là et le lendemain, j'ai écouté un récit sur la trahison de la Révolution par les bolcheviks. Les ouvriers des usines baltes parlaient de leur asservissement, les marins de Cronstadt exprimaient leur amertume et leur indignation contre le peuple qu'ils avaient aidé à prendre le pouvoir et qui était devenu leur maître. L'un des orateurs avait été condamné à mort par les bolcheviks pour ses idées anarchistes, mais s'était évadé et vivait désormais illégalement. Il raconta comment les marins avaient été privés de la liberté de leurs Soviétiques, comment chaque souffle de vie était censuré. D'autres parlaient de la Terreur rouge et de la répression à Moscou, qui avait abouti au lancement d'une bombe sur le rassemblement de la section moscovite du Parti communiste en septembre 1919. Ils me parlaient des prisons surpeuplées, de la violence pratiquée dans les prisons. les ouvriers et les paysans. J'écoutais avec un peu d'impatience, car tout en moi criait contre cette accusation. Cela semblait impossible ; cela ne pouvait pas être le cas. Quelqu'un était sûrement fautif, mais c'était probablement eux, mes camarades, pensai-je. Ils étaient déraisonnables, impatients de résultats immédiats. La violence n'était-elle pas inévitable dans une révolution, et n'a-t-elle pas été imposée aux bolcheviks par les interventionnistes ? Mes camarades étaient indignés. " Déguisez-vous pour que les bolcheviks ne vous reconnaissent pas ; prenez un pamphlet de Kropotkine et essayez de le distribuer lors d'une réunion soviétique. Vous verrez bientôt si nous vous avons dit la vérité. Surtout, sortez de la Première Maison du Soviet. Vivez parmi le peuple et vous aurez toutes les preuves dont vous avez besoin. »

Comme tout cela paraissait enfantin et insignifiant face à l'événement mondial qui se déroulait en Russie ! Non, je ne pouvais pas créditer leurs histoires. J'attendrais et étudierais les conditions. Mais mon esprit était bouleversé et les nuits devenaient plus oppressantes que jamais.

Le jour est arrivé où j'ai eu l'occasion d'assister à la réunion du pétro-soviétique. Il s'agirait d'une double célébration en l'honneur du retour de Karl Radek en Russie et du rapport de Joffe sur le traité de paix avec l'Estonie. Comme d'habitude, j'y suis allé avec les Zorins. Le rassemblement s'est déroulé au Palais Tauride, l'ancien lieu de réunion de la Douma russe. Chaque entrée de la salle était gardée par des soldats, la plate-forme entourée d'eux tenant leurs fusils au garde-à-vous. La salle était bondée jusqu'aux portes. J'étais sur la plate-forme surplombant la mer de visages en contrebas. Affamés et misérables, ils paraissaient ces fils et ces filles du peuple, les héros de Petrograd la Rouge. Comme ils avaient souffert et enduré pour la Révolution ! Je me sentais très humble devant eux.

Zinoviev présidait. Après que l'« Internationale » ait été chantée par le public debout, Zinoviev a ouvert la séance. Il parla longuement. Sa voix est aiguë, sans profondeur. Dès que je l'ai entendu, j'ai réalisé ce qui m'avait manqué chez lui lors de notre première rencontre : de la profondeur, de la force de caractère. Vint ensuite Radek. Il était intelligent, spirituel, sarcastique et il rendait hommage aux contre-révolutionnaires et aux gardes blancs. Bref, un homme intéressant et une adresse intéressante.

Joffe avait l'air du diplomate. Bien nourri et soigné, il semblait plutôt déplacé dans cette assemblée. Il a parlé des conditions de paix avec l'Estonie, qui ont été accueillies avec enthousiasme par le public. Certes, ces gens voulaient la paix. Est-ce que cela viendrait un jour en Russie ?

Zorin parla en dernier lieu, de loin le plus compétent et le plus convaincant de la soirée. La réunion a ensuite été ouverte à la discussion. Un menchevik demanda la parole. Immédiatement, le chaos s'est déchaîné. Des cris de « Traître ! » "Koltchak !" « Contre-révolutionnaire ! » sont venus de toutes les parties du public et même de la tribune. Cela me paraissait une démarche indigne pour une assemblée révolutionnaire.

Sur le chemin du retour, j'en ai parlé à Zorin. Il rit. « La liberté d'expression est une superstition bourgeoise », a-t-il déclaré ; "Pendant une période révolutionnaire, il ne peut y avoir de liberté d'expression." J'étais plutôt dubitatif quant à cette déclaration radicale, mais je sentais que je n'avais pas le droit de juger. J'étais un nouveau venu, alors que les gens du palais de Tauride avaient tant sacrifié et souffert pour la Révolution. Je n'avais pas le droit de juger.

CHAPITRE III
PENSÉES TROUBLANTES

La vie a continué. Chaque jour apportait de nouvelles pensées et émotions contradictoires. Ce qui m'a le plus marqué a été l'inégalité dont j'ai été témoin dans mon environnement immédiat. J'ai appris que les rations distribuées aux locataires de la Première Maison du Soviet (Astoria) étaient de loin supérieures à celles reçues par les ouvriers des usines. Certes, ils n'étaient pas suffisants pour survivre, mais personne à Astoria ne vivait de ces seules rations. Les membres du Parti communiste, cantonnés à l'Astoria, travaillaient à Smolny, et les rations à Smolny étaient les meilleures de Petrograd. De plus, le commerce n'était pas entièrement supprimé à cette époque. Les marchés faisaient des affaires lucratives, même si personne ne semblait capable ou désireux de m'expliquer d'où venait la capacité d'achat. Les ouvriers ne pouvaient pas se permettre d'acheter du beurre qui coûtait alors 2 000 roubles la livre, du sucre à 3 000 roubles ou de la viande à 1 000 roubles. L'inégalité était la plus apparente dans la cuisine Astoria. J'y allais fréquemment, même si c'était une torture de préparer un repas : la course sauvage pour un pouce d'espace sur la cuisinière, l'observation avide des femmes pour que personne n'ait quelque chose de plus dans la casserole, les querelles et les cris quand quelqu'un repêchait. un morceau de viande de la marmite d'un voisin ! Mais il y avait un élément rédempteur dans l'image : c'était le ressentiment des domestiques qui travaillaient à l'Astoria. Ils étaient des serviteurs, bien qu'on les appelait camarades, et ils ressentaient profondément l'inégalité : pour eux, la Révolution n'était pas une simple théorie à réaliser dans les années à venir. C'était un être vivant. J'en ai été informé un jour.

Les rations étaient distribuées au Commissariat, mais il fallait les chercher soi-même. Un jour, alors que j'attendais mon tour dans une longue file d'attente, une paysanne entra et demanda du vinaigre. " Du vinaigre ! qui demande un tel luxe ? " s'écrièrent plusieurs femmes. Il s'avéra que la jeune fille était la servante de Zinoviev. Elle parlait de lui comme de son maître, qui travaillait très dur et avait sûrement droit à quelque chose en plus. Aussitôt une tempête d'indignation se déchaîna. "Maître ! est-ce pour cela que nous avons fait la Révolution, ou était-ce pour en finir avec les maîtres ? Zinoviev n'est rien de plus que nous, et il n'a pas droit à davantage."

Ces ouvrières étaient grossières, voire brutales, mais leur sens de la justice était instinctif. Pour eux, la Révolution était quelque chose de fondamentalement vital. Ils ont constaté l'inégalité à chaque étape et l'ont profondément ressentie. J'étais dérangé. Je cherchais à m'assurer que Zinoviev et les autres dirigeants communistes n'utiliseraient pas leur pouvoir à des fins égoïstes. C'était le manque de nourriture et le manque d'organisation efficace qui rendaient impossible de nourrir tous de la même manière, et bien sûr, le blocus et non les bolcheviks en étaient responsables. Les interventionnistes alliés, qui tentaient de prendre la Russie à la gorge, en étaient la cause.

Tous les communistes que j'ai rencontrés ont réitéré cette pensée ; même certains anarchistes ont insisté là-dessus. Le petit groupe hostile au gouvernement soviétique n'a pas convaincu. Mais comment concilier l'explication qui m'a été donnée avec certaines des histoires que j'ai apprises chaque jour – des histoires de terrorisme systématique, de persécution incessante et de répression d'autres éléments révolutionnaires ?

Une autre circonstance qui me rendait perplexe était que les marchés étaient remplis de viande, de poisson, de savon, de pommes de terre et même de chaussures, à chaque fois que les rations étaient distribuées. Comment ces choses sont-elles arrivées sur les marchés ? Tout le monde en parlait, mais personne ne semblait le savoir. Un jour, j'étais dans une boutique d'horlogerie lorsqu'un militaire entra. Il s'entretint en yiddish avec le propriétaire et lui raconta qu'il revenait tout juste de Sibérie avec une cargaison de thé. L'horloger prendrait-il cinquante livres ? À l'époque, le thé était vendu cher : seuls quelques privilégiés pouvaient se permettre un tel luxe. Bien sûr, l'horloger prenait le thé. Lorsque le soldat est parti, j'ai demandé au commerçant s'il ne pensait pas qu'il était plutôt risqué de faire aussi ouvertement des affaires illégales. Il se trouve que je comprends le yiddish, lui ai-je dit. N'avait-il pas peur que je le dénonce ? "Ce n'est rien", répondit nonchalamment l'homme, "la Tchéka sait tout, elle tire son pourcentage du soldat et de moi."

J'ai commencé à soupçonner que la cause d'une grande partie du mal se trouvait également en Russie, et pas seulement à l'extérieur. Mais ensuite, ai-je soutenu, les policiers et les détectives se greffent partout. C'est la maladie courante de la race. En Russie, où la pénurie de nourriture et trois années de famine doivent nécessairement transformer la plupart des gens en voleurs, le vol est inévitable. Les bolcheviks tentent de le réprimer d'une main de fer. Comment peut-on leur en vouloir ? Mais malgré tous mes efforts, je ne parvenais pas à faire taire mes doutes. J'ai cherché à tâtons un soutien moral, une parole fiable, quelqu'un pour faire la lumière sur ces questions troublantes.

J'ai eu l'idée d'écrire à Maxim Gorki. Il pourrait aider. J'ai attiré son attention sur sa propre consternation et sa déception lors de sa visite en Amérique. Il était venu croire en sa démocratie et en son libéralisme, et a plutôt trouvé le sectarisme et le manque d'hospitalité. J'étais sûr que Gorki comprendrait la lutte qui se déroulait en moi, même si la cause n'était pas la même. Me verrait-il ? Deux jours plus tard, j'ai reçu un court message me demandant d'appeler.

J'admirais Gorki depuis de nombreuses années. Il était l'affirmation vivante de ma conviction que l'artiste créateur ne peut être réprimé. Gorki, l'enfant du peuple, le paria, était devenu par son génie l'un des plus grands du monde, celui qui, par sa plume et sa profonde sympathie humaine, a fait du paria notre parenté. Pendant des années, j'ai parcouru l'Amérique pour interpréter le génie de Gorki auprès du peuple américain, élucidant la grandeur, la beauté et l'humanité de l'homme et de ses œuvres. Maintenant, je devais le voir et, à travers lui, avoir un aperçu de l'âme complexe de la Russie.

J'ai trouvé l'entrée principale de sa maison clouée et il semblait n'y avoir aucun moyen d'entrer. J'ai failli abandonner, désespéré, lorsqu'une femme m'a montré un escalier miteux. J'ai grimpé tout en haut et j'ai frappé à la première porte que j'ai vue. Elle s'est ouverte, m'aveuglant momentanément sous un flot de lumière et de vapeur provenant d'une cuisine surchauffée. Ensuite, j'ai été conduit dans une grande salle à manger. L'endroit était faiblement éclairé, froid et triste malgré un feu et une grande collection de porcelaine hollandaise accrochée aux murs. Une des trois femmes que j'avais remarquées dans la cuisine s'est assise à table avec moi, faisant semblant de lire un livre mais tout en me regardant du coin de l'œil. Ce fut une pénible demi-heure d'attente.

Gorki arriva bientôt. Grand, maigre et toussant, il avait l'air malade et fatigué. Il m'a emmené dans son bureau, semi-obscur et déprimant. A peine nous étions-nous assis que la porte s'ouvrit brusquement et qu'une autre jeune femme, que je n'avais jamais vue auparavant, lui apporta un verre de liquide sombre, un médicament évidemment. Puis le téléphone se mit à sonner ; quelques minutes plus tard, Gorki fut appelé hors de la pièce. J'ai réalisé que je ne pourrais pas lui parler. En revenant, il a dû remarquer ma déception. Nous décidâmes de reporter notre conversation jusqu'à ce qu'une occasion moins troublée se présente. Il m'a escorté jusqu'à la porte en remarquant : « Vous devriez visiter la Baltflot [flotte baltique]. Les marins de Cronstadt sont presque tous des anarchistes instinctifs. Vous y trouverez un champ. J'ai souris. « Des anarchistes instinctifs ? J'ai répondu : "Cela signifie qu'ils sont préservés des idées préconçues, simples et réceptifs. C'est ce que vous voulez dire ?"

"Oui, c'est ce que je veux dire", a-t-il répondu.

L'entretien avec Gorki m'a laissé déprimé. Notre deuxième rencontre ne fut pas non plus plus satisfaisante à l'occasion de mon premier voyage à Moscou. Dans le même train voyageaient Radek, Demyan Bedny, le versificateur bolchevique populaire, et Zipperovitch, alors président des syndicats de Petrograd. Nous nous sommes retrouvés dans la même voiture, celle réservée aux fonctionnaires bolcheviques et aux dignitaires de l'État, confortable et spacieuse. D'un autre côté, l'homme « ordinaire », le non-communiste sans influence, devait littéralement se frayer un chemin dans les wagons toujours bondés, à condition qu'il ait une *motivation* pour voyager, ce qui est très difficile à se procurer.

J'ai passé le temps du voyage à discuter de la situation russe avec Zipperovitch, un homme bon et aux convictions profondes, et avec Demyan Bedny, un grand homme à l'air grossier. Radek a longuement parlé de ses expériences en Allemagne et dans les prisons allemandes.

J'ai appris que Gorki était également dans le train et j'ai été heureux d'avoir une nouvelle occasion de discuter avec lui lorsqu'il est venu me voir. La seule chose qui me préoccupait en ce moment était un article paru dans la *Pravda de Petrograd* quelques jours avant mon départ. Il traitait d' enfants moralement déficients, l'écrivain préconisant la prison pour eux. Rien de ce que j'avais entendu ou vu au cours de mes six semaines en Russie ne m'avait autant indigné que cette attitude brutale et désuète à l'égard de l'enfant. J'avais hâte de savoir ce que Gorki pensait de la question. Bien sûr, il était opposé aux prisons pour les personnes moralement déficientes ; il préconisait plutôt les maisons de correction. "Qu'entendez-vous par moralement déficient ?" J'ai demandé. "Nos jeunes sont le résultat de l'alcoolisme endémique pendant la guerre russo-japonaise et de la syphilis. Qu'est-ce qui pourrait résulter d'un tel héritage, sinon la défection morale ?" il a répondu. J'ai soutenu que la moralité change avec les conditions et le climat, et qu'à moins de croire en la théorie du libre arbitre, on ne peut pas considérer la moralité comme une question fixe. Quant aux enfants, leur sens des responsabilités est primitif et il leur manque l'esprit d'adhésion sociale. Mais Gorki a insisté sur le fait qu'il y avait une propagation effrayante de la défection morale parmi les enfants et que de tels cas devaient être isolés.

J'ai ensuite abordé le problème qui me préoccupait le plus. Qu'en est-il de la persécution et de la terreur : toutes ces horreurs étaient-elles inévitables, ou y avait-il un défaut dans le bolchevisme lui-même ? Les bolcheviks commettaient des erreurs, mais ils faisaient de leur mieux, dit sèchement Gorki. On ne pouvait rien attendre de plus, pensa-t-il.

Je me suis souvenu d'un certain article de Gorki, publié dans son journal *New Life* , que j'avais lu au pénitencier du Missouri. C'était une mise en accusation cinglante contre les bolcheviks. Il devait y avoir de puissantes raisons pour changer si complètement le point de vue de Gorki. Peut-être a-t-il raison. Je dois attendre. Il faut que j'étudie la situation ; Je dois en venir aux faits. Avant tout, je dois voir par moi-même le bolchevisme à l'œuvre.

Nous avons parlé du drame. Lors de ma première visite, en guise d'introduction, j'avais montré à Gorki une fiche annonçant le cours d'art dramatique que j'avais donné en Amérique. John Galsworthy faisait partie des dramaturges dont j'avais alors parlé. Gorki s'est dit surpris que je considère Galsworthy comme un artiste. Selon lui, Galsworthy ne pouvait être comparé à Bernard Shaw. Je devais différer. Je n'ai pas sous-estimé Shaw, mais j'ai considéré Galsworthy comme le plus grand artiste. J'ai détecté une irritation chez Gorki et, comme sa toux sèche persistait, j'ai interrompu la discussion. Il est bientôt parti. Je suis resté déprimé après l'entretien. Cela ne m'a rien apporté.

Lorsque nous sommes arrivés à la gare de Moscou, mon accompagnateur, Demyan Bedny, avait disparu et je me suis retrouvé sur le quai avec tous mes pièges. Radek est venu à mon secours. Il a appelé un porteur, m'a emmené avec mes bagages jusqu'à son automobile qui l'attendait et a insisté pour que je vienne à ses appartements au Kremlin. Là, je fus gracieusement reçu par sa femme et invité à un dîner servi par leur femme de chambre. Après cela, Radek commença la tâche difficile de me loger à l'Hôtel National, connu sous le nom de Première Maison du Soviet de Moscou. Avec toute son influence, il a fallu des heures pour me trouver une chambre.

L'appartement luxueux de Radek, la servante, le dîner somptueux semblaient étranges en Russie. Mais la sollicitude amicale de Radek et l'hospitalité de sa femme m'ont été reconnaissantes. Sauf chez les Zorin et chez les Chatov, je n'avais rien rencontré de pareil. Je sentais que la gentillesse, la sympathie et la solidarité étaient encore vivantes en Russie.

CHAPITRE IV
MOSCOU : PREMIÈRES IMPRESSIONS

Venir de Petrograd à Moscou, c'est comme être subitement transféré d'un désert à la vie active, tant le contraste est grand. En arrivant sur la grande place ouverte devant la gare principale de Moscou, j'ai été étonné de voir une foule animée, des chauffeurs de taxi et des porteurs. Le même tableau s'est présenté de la gare au Kremlin. Les rues étaient pleines d'hommes, de femmes et d'enfants. Presque tout le monde portait un paquet ou traînait un traîneau chargé. Il y avait de la vie, du mouvement et du mouvement, tout à fait différents du calme qui m'oppressait à Petrograd.

J'ai remarqué une démonstration considérable de militaires dans la ville et des dizaines d'hommes vêtus de costumes en cuir avec des fusils à la ceinture. "Hommes Tcheka, notre Commission extraordinaire", a expliqué Radek. J'avais déjà entendu parler de la Tchéka : Petrograd en parlait avec effroi et haine. Cependant, les soldats et les Tchékistes n'étaient jamais très présents dans la ville de la Neva. Ici à Moscou, il y en avait partout. Leur présence m'a rappelé une remarque de Jack Reed : « Moscou est un camp militaire », avait-il dit ; "Il y a des espions partout, la bureaucratie est la plus autocratique. Je me sens toujours soulagé quand je sors de Moscou. Mais Petrograd est une ville prolétarienne et imprégnée de l'esprit de la Révolution. Moscou a toujours été hiérarchique. C'est bien plus le cas maintenant ". J'ai trouvé que Jack Reed avait raison. Moscou était en effet hiérarchique. Pourtant, la vie était intense, variée et intéressante. Ce qui m'a le plus frappé, outre l'étalage du militarisme, c'est la préoccupation du peuple. Il ne semblait y avoir aucun intérêt commun entre eux. Chacun se précipitait comme une unité détachée à la recherche du sien, poussant et frappant tout le monde. À plusieurs reprises, j'ai vu des femmes ou des enfants tomber d'épuisement sans que personne ne s'arrête pour leur porter secours. Les gens me regardaient quand je me penchais sur le tas sur le trottoir glissant ou que je rassemblais les paquets tombés dans la rue. J'ai parlé à des amis de ce qui me paraissait être un étrange manque de camaraderie. Ils l'expliquaient en partie par la méfiance et la suspicion générales créées par la Tcheka, et en partie par la tâche exigeante consistant à se procurer la nourriture de la journée. On n'avait plus de vitalité ni de sentiment pour penser aux autres. Pourtant, la nourriture ne semblait pas aussi rare qu'à Petrograd, et les gens étaient plus chauds et mieux habillés.

J'ai passé beaucoup de temps dans les rues et sur les marchés. La plupart de ces derniers, ainsi que la célèbre Soukharevka, étaient en pleine activité. Parfois, les soldats faisaient des descentes sur les marchés ; mais en règle générale, on les laissait continuer. Ils présentaient la partie la plus vitale et la plus intéressante de la vie de la ville. Ici se réunissaient prolétaires et aristocrates, communistes et bourgeois, paysans et intellectuels. Ici, ils étaient liés par le désir commun de vendre et d'acheter, de commercer et de marchander. Ici, on pouvait trouver à vendre un pot en fer rouillé à côté d' une icône exquise ; une vieille paire de chaussures et de la dentelle finement travaillée ; quelques mètres de calicot bon marché et un beau vieux châle persan. Les riches d'hier, affamés et émaciés, se dépouillent de leurs dernières gloires ; les riches d'aujourd'hui achètent – c'était en effet un tableau étonnant dans la Russie révolutionnaire.

Qui achetait les atours du passé et d'où venait le pouvoir d'achat ? Les acheteurs étaient nombreux. A Moscou, on n'était pas aussi limité quant aux sources d'information qu'à Petrograd ; les rues mêmes fournissaient cette source.

Le peuple russe, même après quatre ans de guerre et trois ans de révolution, est resté rudimentaire. Au début, ils se méfiaient des étrangers et étaient réticents. Mais lorsqu'ils apprirent que l'un d'eux venait d'Amérique et n'appartenait pas au parti politique au pouvoir, ils perdirent peu à peu leur réserve. Beaucoup d'informations que j'ai recueillies auprès d'eux et quelques explications sur les choses qui me laissaient perplexe depuis mon arrivée. Je parlais fréquemment avec les ouvriers, les paysans et les femmes sur les marchés.

Les forces qui ont conduit à la Révolution russe étaient restées *terra incognita* pour ces gens simples, mais la Révolution elle-même avait profondément frappé leur âme. Ils ne connaissaient rien aux théories, mais ils croyaient qu'il n'y aurait plus de *barin* (maître) détesté et maintenant le *barin* était de nouveau sur eux. « Le *barin* a tout », disait-on, « du pain blanc, des vêtements, même du chocolat, alors que nous n'avons rien ». « Communisme, égalité, liberté », raillaient-ils, « mensonges et tromperies ».

Je revenais au National meurtri et meurtri, mes illusions peu à peu brisées, mes fondations effondrées. Mais je ne lâcherais pas prise. Après tout, pensais-je, le peuple ne pouvait pas comprendre les énormes difficultés auxquelles était confronté le gouvernement soviétique : les forces impérialistes engagées contre la Russie, les nombreuses attaques qui l'ont vidée de ses hommes qui, autrement, seraient employés à un travail productif, le blocus qui était implacablement imposé. massacrer les jeunes et les faibles de Russie. Bien entendu, le peuple ne pouvait pas comprendre ces choses, et je ne dois pas me laisser tromper par son amertume née de la souffrance. Je dois être patient. Je dois aller à la source des maux auxquels je suis confronté.

Le National, comme le Petrograd Astoria, était un ancien hôtel mais en moins bon état. Aucune ration n'y était distribuée, sauf trois quarts de livre de pain tous les deux jours. Au lieu de cela, il y avait une salle à manger commune où étaient servis les dîners et les dîners. Les repas consistaient en soupe et un peu de viande, parfois du poisson ou des crêpes, et du thé. Le soir, nous prenions habituellement *du kasha* et du thé. La nourriture n'était pas très abondante, mais on pourrait y vivre si elle n'était pas si abominablement préparée.

Je ne voyais aucune raison à ce gâchis de provisions. En visitant la cuisine, j'ai découvert un ensemble de serviteurs contrôlés par un certain nombre de fonctionnaires, commandants et inspecteurs. Le personnel de cuisine était mal payé ; de plus, on ne leur donnait pas la même nourriture que celle qui nous était servie. Ils étaient mécontents de cette discrimination et leur travail ne les intéressait pas. Cette situation a donné lieu à beaucoup de corruption et de gaspillage, criminels face à la pénurie générale de nourriture. Peu de locataires du National, ai-je appris, prenaient leurs repas dans la salle à manger commune. Ils préparaient ou faisaient préparer leurs repas par des domestiques dans une cuisine séparée réservée à cet effet. Là, comme à l'Astoria, j'ai retrouvé la même course aux fourneaux, les mêmes chamailleries et querelles, la même observation avide et envieuse les uns des autres. Est-ce que le communisme était en action, me demandais-je. J'ai entendu l'explication habituelle : Ioudenitch, Dénikine, Koltchak, le blocus, mais les phrases stéréotypées ne me satisfaisaient plus.

Avant de quitter Petrograd, Jack Reed m'a dit : « Quand tu arriveras à Moscou, cherche Angelica Balabanova. Elle te recevra avec plaisir et t'hébergera si tu ne trouves pas de chambre. J'avais déjà entendu parler de Balabanova, je connaissais son travail et j'avais naturellement hâte de la rencontrer.

Quelques jours après mon arrivée à Moscou, je l'appelai. Me verrait-elle ? Oui, tout de suite, même si elle ne se sentait pas bien. J'ai trouvé Balabanova dans une petite pièce triste, blottie sur le canapé. Elle n'était avenante que par ses yeux grands et lumineux, rayonnant de sympathie et de gentillesse. Elle me reçut très gracieusement, comme une vieille amie, et commanda aussitôt l'inévitable samovar. Autour de notre thé, nous avons parlé de l'Amérique, du mouvement ouvrier là-bas, de notre déportation et enfin de la Russie. Je lui ai posé les questions que j'avais posées à de nombreux communistes concernant les contrastes et les divergences auxquels je me trouvais confronté à chaque pas. Elle m'a surpris en ne donnant pas les excuses habituelles ; elle fut la première à ne pas répéter le vieux refrain. Elle a fait référence à la pénurie de nourriture, de combustible et de vêtements, qui était responsable d'une grande partie de la corruption ; mais dans l'ensemble, elle trouvait la vie elle-même mesquine et limitée. "Un rocher sur lequel se brisent les plus grands espoirs. La vie déjoue les meilleures intentions et brise les meilleurs esprits", a-t-elle déclaré. Une vision plutôt inhabituelle pour un marxiste, un communiste et quelqu'un au cœur de la bataille. Je savais qu'elle était alors secrétaire de la Troisième Internationale. C'était une personnalité qui n'était pas un simple écho, qui ressentait profondément la complexité de la situation russe. Je suis reparti profondément impressionné et attiré par ses yeux tristes et lumineux.

J'ai vite découvert que Balabanova – ou Balabanoff, comme elle préférait être appelée – était à la disposition de tout le monde. Même si elle était en mauvaise santé et occupée à de nombreuses fonctions, elle trouva néanmoins le temps de répondre aux besoins de ses futurs légionnaires. Souvent, elle se débrouillait elle-même sans le nécessaire, distribuant ses propres rations, toujours occupée à essayer d'obtenir des médicaments ou une petite friandise pour les malades et les souffrants. Sa principale préoccupation concernait les Italiens bloqués, qui étaient nombreux à Petrograd et à Moscou. Balabanova a vécu et travaillé en Italie pendant de nombreuses années jusqu'à ce qu'elle devienne elle-même presque italienne. Elle se sentait profondément avec eux, aussi éloignés de leur sol natal que des événements de Russie. Elle était leur amie, leur conseillère, leur principal soutien dans un monde de conflits et de luttes. Non seulement les Italiens, mais presque tout le monde était la préoccupation de cette petite femme remarquable : personne n'avait besoin d'une carte de membre communiste pour le cœur d'Angelica. Pas étonnant que certains de ses camarades la considéraient comme une « sentimentale qui perdait son temps précieux en philanthropie ». J'ai eu de nombreuses batailles verbales à ce sujet avec le type de communiste devenu insensible et dur, totalement dépourvu des qualités qui caractérisaient l'idéaliste russe du passé.

J'ai entendu des critiques similaires à celles de Balabanova à l'égard d'un autre communiste de premier plan, Lounatcharski. Déjà à Petrograd, on m'avait dit avec ironie : "Lunacharsky est un écervelé qui gaspille des millions dans des entreprises insensées". Mais j'avais hâte de rencontrer celui qui était commissaire d'un des départements importants de Russie, celui de l'éducation. Une opportunité s'est alors présentée.

Le Kremlin, l'ancienne citadelle du Tsarisme, je l'ai trouvé fortement gardé et inaccessible à l'homme « ordinaire ». Mais j'étais venu sur rendez-vous et en compagnie d'un homme qui possédait une carte d'admission, et j'ai donc passé le garde sans problème. Nous atteignîmes bientôt les appartements Lunacharsky, situés dans un vieux bâtiment pittoresque à l'intérieur des murs. Même si la salle de réception était bondée de gens attendant d'être admis, Lounatcharski m'a appelé dès qu'on m'a annoncé.

Son accueil fut très cordial. Est-ce que « j'avais l'intention de rester un oiseau libre » était l'une de ses premières questions, ou serais-je prêt à le rejoindre dans son travail ? J'ai été plutôt surpris. Pourquoi devrait-on renoncer à sa liberté, notamment dans le travail éducatif ? L'initiative et la liberté ne sont-elles pas essentielles ? Cependant, j'étais venu pour apprendre de Lounatcharski le système révolutionnaire d'éducation en Russie, dont nous avions tant entendu parler en Amérique. J'étais particulièrement intéressé par les soins que recevaient les enfants. La *Pravda de Moscou* , comme les journaux de Pétrograd, avait été agitée par une controverse sur le traitement des déficients moraux. J'ai exprimé ma surprise devant une telle attitude de la Russie soviétique. "Bien sûr, tout cela est barbare et désuet", a déclaré Lounatcharski, "et je le combat bec et ongles. Les promoteurs des prisons pour enfants sont de vieux juristes criminels, encore imprégnés des méthodes tsaristes. J'ai organisé une commission de médecins, pédagogues et psychologues pour traiter de cette question. Bien entendu, ces enfants ne doivent pas être punis. Je me suis senti extrêmement soulagé. Voilà enfin un homme qui s'était éloigné des anciennes méthodes cruelles de punition. Je lui ai parlé du travail magnifique accompli dans l'Amérique capitaliste par le juge Lindsay et de certaines écoles expérimentales pour enfants arriérés. Lounatcharski était très intéressé. "Oui, c'est exactement ce que nous voulons ici, le système éducatif américain", s'est-il exclamé. "Vous ne parlez sûrement pas du système scolaire public américain ?" J'ai demandé. "Vous connaissez le mouvement insurgé en Amérique contre notre méthode d'éducation dans les écoles publiques, le travail effectué par le professeur Dewey et d'autres ?" Lounatcharski en avait peu entendu parler. La Russie a été longtemps coupée du monde occidental et les livres sur l'éducation moderne manquaient cruellement. Il était impatient de découvrir les nouvelles idées et méthodes. J'ai senti en Lounatcharski une personnalité pleine de foi et de dévouement à la Révolution, qui poursuivait la grande œuvre d'éducation dans un environnement physiquement et spirituellement difficile.

Il a suggéré de convoquer une conférence d'enseignants si je voulais leur parler des nouvelles tendances de l'éducation en Amérique, ce à quoi j'ai volontiers consenti. Les écoles et autres institutions dont il avait la charge devaient être visitées ultérieurement. J'ai quitté Lunacharsky rempli d'un nouvel espoir. Je le rejoindrais dans son travail, pensais-je. Quel plus grand service pourrait-on rendre au peuple russe ?

Au cours de ma visite à Moscou, j'ai vu Lounatcharski à plusieurs reprises. Il a toujours été le même homme aimable et aimable, mais j'ai vite commencé à remarquer qu'il était handicapé dans son travail par des forces au sein de son propre parti : la plupart de ses bonnes intentions et de ses décisions n'ont jamais vu le jour. De toute évidence, Lounatcharski était pris dans la même machine qui tenait apparemment tout dans sa poigne de fer. Quelle était cette machine ? Qui dirigeait ses mouvements ?

Même si le contrôle des visiteurs au National était très strict, personne ne pouvant entrer ou sortir sans un *permis spécial* , des hommes et des femmes de différentes factions politiques ont réussi à faire appel à moi: anarchistes, socialistes-révolutionnaires de gauche, coopérateurs, et des gens que j'avais connus en Amérique et qui étaient retournés en Russie pour jouer leur rôle dans la Révolution. Ils étaient venus avec une foi profonde et une grande espérance, mais je les ai trouvés presque tous découragés, certains même aigris. Bien que leurs opinions politiques soient très différentes, presque tous mes interlocuteurs ont raconté une histoire identique, l'histoire de la marée haute de la Révolution, de l'esprit merveilleux qui a conduit le peuple en avant, des possibilités des masses, du rôle des bolcheviks. en tant que porte-parole des slogans révolutionnaires les plus extrémistes et de leur trahison de la Révolution après avoir accédé au pouvoir. Tous ont parlé de la paix de Brest-Litovsk comme du début de la marche vers le bas. Les socialistes-révolutionnaires de gauche en particulier, hommes cultivés et sérieux, qui avaient beaucoup souffert sous le tsar et qui voyaient maintenant leurs espoirs et leurs aspirations contrecarrés, furent les plus catégoriques dans leur condamnation. Ils appuyaient leurs affirmations sur les ravages causés par les méthodes de réquisition forcée et les expéditions punitives dans les villages, sur l'abîme créé entre la ville et la campagne, sur la haine engendrée entre paysan et ouvrier. Ils ont parlé de la persécution de leurs camarades, des tirs sur des hommes et des femmes innocents, de l'inefficacité criminelle, du gaspillage et de la destruction.

Comment, alors, les bolcheviks pourraient-ils se maintenir au pouvoir ? Après tout, ils ne représentaient qu'une petite minorité, environ cinq cent mille membres selon une estimation exagérée. Les masses russes, m'a-t-on dit, étaient épuisées par la faim et intimidées par le terrorisme. De plus, ils avaient perdu confiance dans tous les partis et dans toutes les idées. Néanmoins, de fréquents soulèvements paysans eurent lieu dans diverses régions de Russie, mais ils furent impitoyablement réprimés. Il y avait aussi des grèves constantes à Moscou, à Petrograd et dans d'autres centres industriels, mais la censure était si rigide que les masses en général n'en parlèrent jamais.

J'ai sondé mes visiteurs sur intervention. "Nous ne voulons aucune ingérence extérieure", tel était le sentiment uniforme. Ils estimaient que cela ne faisait que renforcer les mains des bolcheviks. Ils estimaient qu'ils ne pouvaient même pas s'exprimer publiquement contre eux tant que la Russie était attaquée, et encore moins combattre leur régime. " Leurs tactiques et méthodes n'ont-elles pas été imposées aux bolcheviks par l'intervention et le blocus ? " J'ai soutenu. "Seulement en partie", fut la réponse. "La plupart de leurs méthodes proviennent de leur incompréhension du caractère et des besoins du peuple russe et de l'obsession folle de la dictature, qui n'est même pas la dictature du prolétariat mais la dictature d'un petit groupe *sur* le prolétariat."

Quand j'abordais le sujet des Soviets populaires et des élections, mes visiteurs souriaient. "Élections ! De telles choses n'existent pas en Russie, à moins d'appeler des élections des menaces et du terrorisme. C'est par elles seules que les bolcheviks obtiennent la majorité. Quelques mencheviks, socialistes-révolutionnaires ou anarchistes sont autorisés à se glisser dans les soviets, mais ils Je n'ai pas l'ombre d'une chance d'être entendu."

Le tableau peint était noir et lugubre. Pourtant, je m'accrochais à ma foi.

CHAPITRE V RENCONTRE DES
GENS

Lors d'une conférence des anarchistes de Moscou en mars, j'ai appris pour la première fois le rôle que certains anarchistes avaient joué dans la révolution russe. Lors du soulèvement de juillet 1917, les marins de Cronstadt étaient dirigés par l'anarchiste Yarchuck ; l'Assemblée constituante fut dispersée par Jelezniakov ; les anarchistes avaient participé sur tous les fronts et contribué à repousser les attaques alliées. Il y avait un consensus selon lequel les anarchistes étaient toujours parmi les premiers à faire face aux tirs, car ils étaient aussi les plus actifs dans le travail de reconstruction. L'une des plus grandes usines près de Moscou, qui n'a pas arrêté son travail pendant toute la période de la Révolution, était dirigée par un anarchiste. Les anarchistes accomplissaient un travail important au ministère des Affaires étrangères et dans tous les autres départements. J'ai appris que les anarchistes avaient pratiquement aidé les bolcheviks à accéder au pouvoir. Cinq mois plus tard, en avril 1918, des mitrailleuses furent utilisées pour détruire le Club anarchiste de Moscou et supprimer sa presse. C'était avant l'arrivée de Mirbach à Moscou. Il fallait « débarrasser le terrain des éléments perturbateurs », et les anarchistes furent les premiers à souffrir. Depuis lors, la persécution des anarchistes n'a jamais cessé.

La Conférence anarchiste de Moscou était critique non seulement envers le régime existant, mais aussi envers ses propres camarades. Il parlait franchement des côtés négatifs du mouvement et de son manque d'unité et de coopération pendant la période révolutionnaire. Plus tard, j'en apprendrai davantage sur les dissensions internes au mouvement anarchiste. Avant de se terminer, la Conférence a décidé d'appeler le gouvernement soviétique à libérer les anarchistes emprisonnés et à légaliser le travail éducatif anarchiste. La Conférence a demandé à Alexander Berkman et à moi-même de signer la résolution à cet effet. Ce fut un choc pour moi que les anarchistes demandent à n'importe quel gouvernement de légaliser leurs efforts, mais je croyais toujours que le gouvernement soviétique exprimait au moins dans une certaine mesure la Révolution. J'ai signé la résolution et, comme je devais voir Lénine dans quelques jours, j'ai promis d'en discuter avec lui.

L'entretien avec Lénine a été organisé par Balabanova. « Il faut voir Ilitch, lui parler des choses qui te dérangent et du travail que tu aimerais faire », avait-elle dit. Mais il s'est écoulé du temps avant que l'occasion ne se présente. Enfin, un jour, Balabanova m'a appelé pour me demander si je pouvais y aller immédiatement. Lénine avait envoyé sa voiture et nous fûmes rapidement conduits au Kremlin, dépassés sans aucun doute par les gardes et enfin introduits dans l'atelier du tout-puissant président des commissaires du peuple.

Lorsque nous sommes entrés, Lénine tenait entre ses mains un exemplaire de la brochure *Procès et discours* [2] . J'avais donné mon unique exemplaire à Balabanova, qui avait visiblement envoyé le livret avant nous à Lénine. L'une de ses premières questions fut : « Quand pourrait-on s'attendre à la révolution sociale en Amérique ? On m'avait déjà posé la question à plusieurs reprises auparavant, mais j'ai été stupéfait de l'entendre de la part de Lénine. Il semblait incroyable qu'un homme de sa connaissance en sache si peu sur la situation en Amérique.

Mon russe à cette époque était hésitant, mais Lénine déclarait que, bien qu'il ait vécu de nombreuses années en Europe, il n'avait pas appris à parler des langues étrangères : la conversation devrait donc se poursuivre en russe. Il s'est aussitôt lancé dans un éloge funèbre de nos discours au tribunal. « Quelle splendide opportunité pour la propagande », dit-il ; "Cela vaut la peine d'aller en prison, si l'on parvient à transformer avec autant de succès les tribunaux en forum." Je sentais son regard froid et constant sur moi, pénétrant mon être même, comme s'il réfléchissait à l'usage qui pourrait me faire. À ce moment-là, il m'a demandé ce que je voudrais faire. Je lui ai dit que j'aimerais remercier l'Amérique pour ce qu'elle avait fait pour la Russie. J'ai parlé de la Société des amis de la liberté russe, organisée il y a trente ans par George Kennan et réorganisée plus tard par Alice Stone Blackwell et d'autres Américains libéraux. J'ai brièvement esquissé le travail splendide qu'ils avaient accompli pour susciter l'intérêt pour la lutte pour la liberté russe, ainsi que l'immense aide morale et financière que la Société avait apportée pendant toutes ces années. Organiser une société russe pour la liberté américaine était mon plan. Lénine paraissait enthousiaste. "C'est une excellente idée, et vous aurez toute l'aide que vous voudrez. Mais, bien entendu, ce sera sous les auspices de la Troisième Internationale. Préparez votre plan par écrit et envoyez-le-moi."

J'ai abordé le sujet des anarchistes en Russie. Je lui ai montré une lettre que j'avais reçue de Martens, le représentant soviétique en Amérique, peu avant mon expulsion. Martens a affirmé que les anarchistes en Russie jouissaient d'une totale liberté d'expression et de presse. Depuis mon arrivée, j'ai trouvé des dizaines d'anarchistes en prison et leur presse supprimée. J'expliquai que je ne pouvais pas songer à travailler avec le gouvernement soviétique tant que mes camarades seraient en prison pour des raisons d'opinion. Je lui ai également parlé des résolutions de la Conférence anarchiste de Moscou. Il a écouté patiemment et a promis de porter la question à l'attention de son parti. "Mais en ce qui concerne la liberté d'expression", a-t-il fait remarquer, "c'est bien sûr une notion bourgeoise. Il ne peut y avoir de liberté d'expression en période révolutionnaire. Nous avons la paysannerie contre nous parce que nous ne pouvons rien lui donner en échange de son pain. Nous les aurons à nos côtés lorsque nous aurons quelque chose à échanger. Ainsi, vous pourrez avoir toute la liberté d'expression que vous souhaitez, mais pas maintenant, nous avons eu besoin de paysans pour transporter du bois en ville. Ils ont demandé du sel. pas de sel, mais ensuite nous avons découvert soixante-dix pouds à Moscou dans un de nos entrepôts. Aussitôt, les paysans ont accepté de transporter le bois. Vos camarades doivent attendre que nous puissions répondre aux besoins des paysans. En attendant, ils doivent travailler avec nous. Regardez par exemple Guillaume Chatov, qui a contribué à sauver Petrograd de Ioudenitch. Il travaille avec nous et nous apprécions ses services. Chatov a été parmi les premiers à recevoir l'ordre du Drapeau rouge.

La liberté d'expression, la liberté de la presse, les réalisations spirituelles de plusieurs siècles, qu'étaient-elles pour cet homme ? Puritain, il était sûr que son projet à lui seul pourrait racheter la Russie. Ceux qui servaient ses plans avaient raison, les autres ne pouvaient être tolérés.

Un Asiatique astucieux, ce Lénine. Il sait jouer sur les côtés faibles des hommes par la flatterie, les récompenses, les médailles. Je suis parti convaincu que son approche des gens était purement utilitaire, pour l'usage qu'il pouvait en tirer pour son projet. Et son projet, était-ce la Révolution ?

J'ai préparé le plan de la Société des Amis russes de la liberté américaine et élaboré les détails du travail que j'avais en tête, mais j'ai refusé de me placer sous l'aile protectrice de la Troisième Internationale. J'ai expliqué à Lénine que le peuple américain avait peu confiance dans la politique et qu'il considérerait certainement comme une imposition le fait d'être dirigé et guidé par une machine politique venue de Moscou. Je ne pouvais pas m'aligner systématiquement sur la Troisième Internationale.

Quelque temps après, j'ai revu Tchicherin. Je crois qu'il était 4 heures du matin lorsque notre entretien a eu lieu. Il s'enquit également des possibilités d'une révolution en Amérique et parut douter de mon jugement lorsque je lui informai qu'il n'y avait aucun espoir qu'elle se produise dans un avenir proche. Nous avons parlé des IWW, qui lui avaient manifestement été déformés. J'ai assuré à Tchicherin que même si je ne suis pas un IWW, je dois déclarer qu'ils représentaient la seule organisation prolétarienne révolutionnaire consciente et efficace aux États-Unis et qu'ils étaient sûrs de jouer un rôle important dans l'histoire ouvrière future du pays.

Après Balabanova, Tchicherine m'a impressionné comme étant le plus simple et le plus modeste des dirigeants communistes de Moscou. Mais tous étaient tout aussi naïfs dans leur appréciation du monde en dehors de la Russie. Leur jugement était-il si erroné parce qu'ils avaient été coupés de l'Europe et de l'Amérique pendant si longtemps ? Ou bien leur grand besoin de l'aide européenne était-il conforme à leur souhait ? Quoi qu'il en soit, ils s'accrochaient tous à l'idée d'approcher des révolutions dans les pays occidentaux, oubliant que les révolutions ne sont pas faites sur ordre, et apparemment inconscients que leur propre révolution avait été déformée, déformée et déformée, et qu'elle était progressivement en train de mourir.

Le rédacteur en chef du London *Daily Herald* , accompagné d'un de ses journalistes, m'avait précédé à Moscou. Ils voulaient visiter Kropotkine et on leur avait donné une voiture spéciale. Avec Alexander Berkman et A. Shapiro, j'ai pu rejoindre M. Lansbury.

La maison Kropotkine se trouvait en retrait dans le jardin, à l'écart de la rue. Seul un faible rayon d'une lampe à pétrole éclairait le chemin menant à la maison. Kropotkine nous reçut avec sa gentillesse caractéristique, visiblement heureux de notre visite. Mais j'ai été choqué par son apparence modifiée. La dernière fois que je l'avais vu, c'était en 1907, à Paris, que je visitais après le congrès anarchiste d'Amsterdam. Kropotkine, exclu de France depuis de nombreuses années, venait d'obtenir le droit d'y revenir. Il avait alors soixante-cinq ans, mais toujours si plein de vie et d'énergie qu'il paraissait beaucoup plus jeune. Maintenant, il avait l'air vieux et usé.

J'avais hâte d'obtenir un peu de lumière de la part de Kropotkine sur les problèmes qui me préoccupaient, notamment sur la relation des bolcheviks avec la Révolution. Quelle était son opinion ? Pourquoi était-il resté silencieux si longtemps ?

Je n'ai pris aucune note et je ne peux donc donner que l'essentiel de ce qu'a dit Kropotkine. Il a déclaré que la Révolution avait porté le peuple vers de grands sommets spirituels et avait ouvert la voie à de profonds changements sociaux. Si le peuple avait été autorisé à utiliser ses énergies libérées, la Russie ne serait pas dans son état actuel de ruine. Les bolcheviks, portés au sommet par la vague révolutionnaire, ont d'abord attiré l'oreille du peuple par des slogans révolutionnaires extrémistes, gagnant ainsi la confiance des masses et le soutien des militants révolutionnaires.

Il a continué en racontant qu'au début de la période d'octobre, les bolcheviks ont commencé à subordonner les intérêts de la Révolution à l'établissement de leur dictature, qui a contraint et paralysé toute activité sociale. Il a déclaré que les coopératives étaient le principal moyen qui aurait pu rapprocher les intérêts des paysans et des travailleurs. Les coopératives furent parmi les premières à être écrasées. Il parlait avec beaucoup d'émotion de l'oppression, de la persécution, de la traque de toutes les nuances d'opinion, et citait de nombreux exemples de la misère et de la détresse du peuple. Il a souligné que les bolcheviks avaient discrédité le socialisme et le communisme aux yeux du peuple russe.

"Pourquoi n'avez-vous pas élevé la voix contre ces maux, contre cette machine qui sape le sang de la Révolution ?" J'ai demandé. Il a donné deux raisons. Tant que la Russie était attaquée par les impérialistes unis et que les femmes et les enfants russes mouraient des effets du blocus, il ne pouvait pas se joindre au chœur hurlant des ex-révolutionnaires au cri de « Crucifiez ! Il préférait le silence. Deuxièmement, il n'existait aucun moyen d'expression en Russie même. Protester auprès du gouvernement était inutile. Son souci était de se maintenir au pouvoir. Elle ne pouvait pas s'arrêter à des « bagatelles » telles que les droits de l'homme ou les vies humaines. Puis il ajouta : "Nous avons toujours souligné les effets du marxisme en action. Pourquoi s'étonner maintenant ?"

J'ai demandé à Kropotkine s'il notait ses impressions et ses observations. Il doit sûrement comprendre l'importance d'un tel bilan pour ses camarades et pour les ouvriers ; en fait, au monde entier. "Non", dit-il; "Il est impossible d'écrire quand on est au milieu de grandes souffrances humaines, quand chaque heure apporte de nouvelles tragédies. Alors il peut y avoir une invasion à tout moment. La Tchéka débarque dans la nuit, saccage tous les recoins, retourne tout à l'intérieur. et je repars avec chaque morceau de papier. Sous un tel stress constant, il est impossible de tenir des registres. Mais en plus de ces considérations, il y a mon livre sur l'éthique. Je ne peux travailler que quelques heures par jour et je dois me concentrer là-dessus. l'exclusion de tout le reste."

Après une tendre étreinte que Peter ne manquait jamais d'offrir à ceux qu'il aimait, nous retournâmes à notre voiture. Mon cœur était lourd, mon esprit confus et troublé par ce que j'avais entendu. J'étais aussi affligé par le mauvais état de santé de notre camarade : je craignais qu'il ne puisse survivre jusqu'au printemps. L'idée que Pierre Kropotkine pourrait aller jusqu'à sa tombe et que le monde ne saura jamais ce qu'il pensait de la révolution russe était épouvantable.

NOTE DE BAS DE PAGE:

[2] *Procès et discours d'Alexander Berkman et d'Emma Goldman devant la Cour fédérale de New York, juin-juillet 1917.* Mother Earth Publishing Co., New York.

CHAPITRE VI
PRÉPARATION DES DÉPORTÉS AMÉRICAINS

Les événements de Moscou, qui se succédaient rapidement, étaient pleins d'intérêt. Je voulais rester dans cette ville vitale, mais comme j'avais laissé tous mes effets à Petrograd, je décidai d'y retourner puis de revenir à Moscou pour rejoindre Lounatcharski dans son œuvre. Quelques jours avant mon départ, une jeune femme anarchiste est venue me rendre visite. Elle venait du Musée de la Révolution de Petrograd et elle m'a appelé pour savoir si je prendrais en charge le travail de la succursale du Musée à Moscou. Elle a expliqué que l'idée originale du musée était due à la célèbre vieille révolutionnaire Vera Nikolaievna Figner et qu'il avait été récemment organisé par des éléments non partisans. La majorité des hommes et des femmes qui travaillaient au Musée n'étaient pas des communistes, a-t-elle déclaré ; mais ils étaient dévoués à la Révolution et désireux de créer quelque chose qui pourrait à l'avenir servir de source d'information et d'inspiration aux étudiants sérieux de la grande Révolution russe. Lorsque mon interlocuteur a été informé que j'étais sur le point de retourner à Petrograd, elle m'a invité à visiter le Musée et à me familiariser avec son travail.

À mon arrivée à Petrograd, je trouvai un travail inattendu qui m'attendait. Zorin m'informa qu'il avait été informé par Tchicherine qu'un millier de Russes avaient été déportés d'Amérique et étaient en route vers la Russie. Ils devaient être accueillis à la frontière et un logement devait être immédiatement préparé pour eux à Petrograd. Zorin m'a demandé de rejoindre la Commission sur le point d'être organisée à cet effet.

Le projet d'une telle commission pour les déportés américains avait été communiqué à Zorin peu après notre arrivée en Russie. Zorin nous a alors demandé d'en parler avec Tchicherin, ce que nous avons fait. Mais trois mois se sont écoulés sans que rien n'ait été fait. Pendant ce temps, nos camarades du *Buford* marchaient toujours de département en département, essayant de se placer là où ils pourraient faire du bien. C'étaient des gens bien tristes, ces hommes venus en Russie avec de si grands espoirs et désireux de rendre service au peuple révolutionnaire. La plupart d'entre eux étaient des ouvriers qualifiés, des mécaniciens – des hommes dont la Russie avait cruellement besoin ; mais la lourdeur de la machine bolchevique et l'inefficacité générale rendaient leur mise au travail très complexe. Certains ont essayé de manière indépendante d'obtenir un emploi, mais ils n'ont pas réussi à accomplir grand-chose. De plus, ceux qui trouvèrent un emploi eurent bientôt le sentiment que les ouvriers russes étaient mécontents de l'empressement et de l'intensité de leurs frères américains. « Attendez que vous mouriez de faim aussi longtemps que nous, disaient-ils, attendez que vous ayez goûté aux bienfaits du commissariat, et nous verrons si vous êtes toujours aussi impatients. De toutes les manières, les déportés étaient découragés et leur enthousiasme refroidi.

Pour éviter ce gaspillage inutile d'énergie et ces souffrances, la Commission fut enfin organisée à Petrograd. Il était composé de Ravitch, alors ministre de l'Intérieur du district Nord ; sa secrétaire, Kaplun ; deux membres du Bureau des prisonniers de guerre ; Alexander Berkman et moi-même. Les nouveaux déportés devaient arriver dans deux semaines et il y avait beaucoup de travail à faire pour préparer leur accueil. Il était regrettable qu'on ne puisse attendre aucune participation active de Ravitch car son temps était trop occupé. En plus d'occuper le poste de ministre de l'Intérieur, elle était chef de la milice de Petrograd et elle représentait également le ministère des Affaires étrangères de Moscou à Petrograd. Ses horaires de travail habituels étaient de 8 heures du matin à 2 heures du matin. Kaplun, un administrateur très compétent, était responsable de tout le travail interne du Département et ne pouvait donc nous consacrer que très peu de son temps. Il ne restait plus que quatre personnes pour accomplir en peu de temps la grande tâche consistant à préparer des logements pour un millier de déportés dans une Russie affamée et ruinée. De plus, Alexander Berkman, à la tête du comité d'accueil, a dû partir vers la frontière lettone pour rencontrer les exilés.

C'était une tâche presque impossible pour une seule personne, mais j'avais très hâte d'épargner au deuxième groupe de déportés les expériences amères et les déceptions de mes compagnons du *Buford*. Je ne pouvais entreprendre ce travail qu'à condition d'avoir le droit d'entrer dans les différents départements du gouvernement, car j'avais alors appris combien paralysante était l'effet de la bureaucratie bureaucratique qui retardait et frustrait souvent les plus sérieux et les plus sérieux. efforts énergiques. Kaplun consentit. « Appelez-moi à tout moment pour tout ce dont vous pourriez avoir besoin », dit-il ; "Je donnerai l'ordre que vous soyez admis partout et pourvus de tout ce dont vous avez besoin. Si cela ne vous aide pas, faites appel à la Tcheka", a-t-il ajouté. Je n'avais jamais fait appel à la police auparavant, lui ai-je informé ; pourquoi devrais-je le faire dans la Russie révolutionnaire ? "Dans les pays bourgeois, c'est une autre affaire", a expliqué Kaplun ; "avec nous, la Tcheka défend la Révolution et combat le sabotage." Je me mis au travail, déterminé à me passer de la Tcheka. Il doit sûrement y avoir d'autres méthodes, pensais-je.

Commence alors une course-poursuite au-dessus de Petrograd. Les matériaux étaient très rares et il était très difficile de se les procurer en raison des méthodes bolcheviques incroyablement centralisées. Ainsi, pour obtenir une livre de clous, il fallait déposer des demandes dans une dizaine ou une quinzaine de bureaux ; pour sécuriser du linge de lit ou de la vaisselle ordinaire, on perdait des journées. Partout dans les bureaux, des foules d'employés du gouvernement fument des cigarettes, attendant l'heure où la tâche fastidieuse de la journée serait terminée. Mes collègues du Bureau des prisonniers de guerre se sont indignés des retards irritants et inutiles, mais en vain. Ils ont menacé de la Tcheka, du camp de concentration, voire du *raztrel* (tir). Ce dernier argument était l'argument le plus favori. Chaque fois qu'une difficulté surgissait, on entendait immédiatement *raztreliat* : être fusillé. Mais l' expression, si terrible dans sa signification, perdait peu à peu son effet sur le peuple : l'homme s'habitue à tout.

J'ai décidé d'essayer d'autres méthodes. Je parlais aux employés des départements de l'intérêt vital que les travailleurs américains conscients portaient à la grande révolution russe, ainsi que de leur foi et de leur espoir dans le prolétariat russe. Les gens s'y intéressaient immédiatement, mais les questions qu'ils posaient étaient aussi étranges que pitoyables : « Les gens d'Amérique ont-ils assez à manger ? Dans combien de temps la Révolution sera-t-elle là ? Pourquoi êtes-vous venus affamer la Russie ? Ils étaient avides d'informations et de nouvelles, ces gens mentalement et physiquement affamés, coupés par le blocus barbare de tout contact avec le monde occidental. Les choses américaines étaient quelque chose de merveilleux pour eux. Un morceau de chocolat ou un cracker étaient des friandises inouïes : ils constituaient la clé du cœur de chacun.

En deux semaines, j'ai réussi à me procurer la plupart des choses nécessaires aux déportés attendus, notamment des meubles, du linge et de la vaisselle. Un miracle, disait tout le monde.

Cependant, la rénovation des maisons qui devaient servir de logement aux exilés ne se fit pas aussi facilement. J'ai inspecté ce qui, comme on m'a dit, était autrefois des hôtels de première classe. Je les ai trouvés situés dans l'ancien quartier des prostituées ; C'étaient des lieux bon marché, jusqu'à ce que les bolcheviks ferment tous les bordels. Ils étaient rongés par les germes, malodorants et sales. Ce n'était pas un mince problème de transformer ces trous sombres en une habitation convenable en deux semaines. Une couche de peinture était un luxe à ne pas penser. Il n'y avait rien d'autre à faire que de dépouiller les pièces des meubles et des tentures et de les faire nettoyer et désinfecter à fond.

Un matin, un groupe de créatures à l'air désespéré, dirigé par deux miliciens, fut amené dans mon bureau temporaire. Ils sont venus travailler, j'ai été informé. Le groupe était composé d'un vieil homme manchot, d'une femme phtisique et de huit garçons et filles, de simples enfants, pâles, affamés et en haillons. "D'où viennent ces malheureux ?" J'ai demandé. « Ce sont des spéculateurs », a répondu l'un des miliciens ; "nous les avons rassemblés sur le marché." Les prisonniers se mirent à pleurer. Ce n'étaient pas des spéculateurs, ils protestaient ; ils mouraient de faim, ils n'avaient pas reçu de pain depuis deux jours. Ils étaient obligés d'aller au marché pour vendre des allumettes ou du fil pour se procurer un peu de pain. Au milieu de cette scène, le vieillard s'évanouit d'épuisement, démontrant mieux que des mots qu'il n'avait spéculé que sur la faim. J'avais déjà vu de tels « spéculateurs » conduits en groupes dans les rues de Moscou et de Petrograd par des convois avec des fusils chargés pointés sur le dos des prisonniers.

Je ne pouvais pas imaginer que ces créatures affamées fassent le travail. Mais les miliciens ont insisté sur le fait qu'ils ne les laisseraient pas partir ; ils avaient ordre de les faire travailler. J'appelai Kaplun et lui informai que je considérais qu'il était hors de question que des logements pour déportés américains soient préparés par des condamnés russes dont le seul crime était la faim. Là-dessus, Kaplun ordonna la libération du groupe et consentit à ce que je leur donne du pain envoyé pour les rations des ouvriers. Mais une journée précieuse a été perdue.

Le lendemain matin, un groupe de garçons et de filles est venu chanter le long de la perspective Nevski. C'étaient *des kursanti* du palais de Tauride qui ont été envoyés à mon bureau pour travailler. Lors de ma première visite au palais, on m'avait montré les quartiers des *kursanti*, les étudiants de l'académie bolchevique. Il s'agissait pour la plupart de garçons et de filles du village, hébergés, nourris, habillés et éduqués par le gouvernement, qui devaient plus tard être placés à des postes de responsabilité dans le régime soviétique. À l'époque, j'étais impressionné par les institutions, mais en avril, j'avais regardé un peu sous la surface. Je me suis souvenu de ce qu'une jeune femme communiste m'avait dit à Moscou à propos de ces étudiants. « Ils constituent la caste spéciale actuellement élevée en Russie », avait-elle déclaré. "Comme l'Église qui entretient et éduque son sacerdoce religieux, notre gouvernement forme un sacerdoce militaire et civique. Ils constituent un lot privilégié." J'ai eu plus d'une occasion de me convaincre de la vérité. Les *kursanti* bénéficiaient de tous les avantages et de nombreux privilèges spéciaux. Ils connaissaient leur importance et se comportaient en conséquence.

Leur première demande lorsqu'ils sont venus me voir a été les rations de pain supplémentaires qui leur avaient été promises. Cette demande satisfaite, ils restèrent là et semblaient n'avoir aucune idée du travail. Il était évident que quoi qu'on puisse enseigner au *kursanti , ce n'était pas le travail.* Mais peu de gens en Russie savent travailler. La situation semblait désespérée. Il ne restait que dix jours jusqu'à l'arrivée des déportés, et les « hôtels » qui leur étaient réservés étaient toujours dans un état aussi inhabitable qu'auparavant. Cela ne servait à rien de menacer avec la Tcheka, comme le faisaient mes collègues. J'ai fait appel aux garçons et aux filles dans l'esprit des déportés américains qui allaient arriver en Russie pleins d'enthousiasme pour la Révolution et désireux de se joindre au grand travail de reconstruction. Les *kursanti* étaient les charges choyées du gouvernement, mais ils n'étaient pas loin des villages et ils n'avaient pas eu le temps de se corrompre. Mon appel a été efficace. Ils se mirent au travail avec volonté et, au bout de dix jours, les trois hôtels célèbres étaient prêts dans la mesure où la volonté de travailler et l'eau chaude sans savon le permettaient. Nous étions très fiers de notre exploit et attendions avec impatience l'arrivée des déportés.

Finalement, ils arrivèrent, mais à notre grande surprise, il ne s'agissait pas du tout de déportés. C'étaient des prisonniers de guerre russes venus d'Allemagne. Le malentendu était dû à l'erreur d'un responsable du bureau de Tchicherin qui avait mal interprété les informations radiophoniques concernant la fête attendue à la frontière. Les hôtels préparés furent fermés à clé et scellés ; ils ne devaient pas être utilisés pour les prisonniers de guerre rapatriés car « ils étaient préparés pour les déportés américains qui pourraient encore venir ». Tous les efforts et le travail avaient été vains.

CHAPITRE VII
MAISONS DE REPOS POUR TRAVAILLEURS

Depuis mon retour de Moscou, j'ai remarqué un changement dans l'attitude de Zorine : il était réservé, distant et moins amical que lors de notre première rencontre. Je l'attribuais au fait qu'il était surmené et fatigué, et ne souhaitant pas perdre son temps précieux, j'ai cessé de rendre visite aux Zorins aussi souvent qu'avant. Un jour, cependant, il m'a appelé pour nous demander si Alexander Berkman et moi-même se joindrions à lui dans certains travaux qu'il envisageait et qui devaient être exécutés dans la précipitation, à la manière américaine, comme il le disait. En l'appelant, nous le trouvâmes plutôt excité, chose inhabituelle pour Zorin qui était généralement calme et réservé. Il était plein d'un nouveau projet de construction de "maisons de repos" pour les travailleurs. Il expliqua qu'à Kameni Ostrov se trouvaient les magnifiques demeures des Stolypines, des Polovtsov et d'autres membres de l'aristocratie et de la bourgeoisie, et qu'il envisageait de les transformer en centres de loisirs pour les ouvriers. Allions-nous nous joindre au travail ? Bien sûr, nous y consentîmes avec empressement, et le lendemain matin nous allâmes inspecter l'île. C'était en effet un endroit idéal, parsemé de magnifiques demeures, certaines étant de véritables musées, renfermant des joyaux rares de peinture, de tapisserie et de mobilier. Le responsable des bâtiments a attiré notre attention sur les trésors artistiques, en protestant qu'ils seraient endommagés ou entièrement détruits s'ils étaient utilisés comme prévu. Mais Zorin était déterminé à réaliser son projet. "Les maisons de loisirs pour les travailleurs sont plus importantes que l'art", a-t-il déclaré.

Nous sommes rentrés à l'Astoria déterminés à nous consacrer aux travaux et à les poursuivre intensément, car les maisons devaient être prêtes pour le 1er mai. Nous avons préparé des plans détaillés pour les salles à manger, les chambres à coucher, les salles de lecture, les théâtres et les amphithéâtres ainsi que les lieux de récréation pour les ouvriers. Comme première mesure, et la plus nécessaire, nous proposâmes l'aménagement d'une salle à manger pour nourrir les ouvriers qui seraient employés à préparer le lieu pour leurs camarades. J'avais appris de mon expérience précédente dans les hôtels qu'un temps précieux était perdu en raison du manque de ressources pour les personnes effectivement employées à ce type de travail. Zorin consentit et promit que nous prendrions les choses en main d'ici quelques jours. Mais une semaine s'est écoulée et on n'a plus rien entendu sur ce qui devait être un travail urgent. Quelque temps plus tard, Zorin nous a appelé pour nous demander de l'accompagner sur l'île. A notre arrivée, nous trouvâmes déjà une demi-douzaine de commissaires aux commandes, avec des dizaines de personnes qui traînaient les pieds. Zorin nous a assuré que les choses s'arrangeraient d'elles-mêmes et que nous aurions la possibilité d'organiser le travail comme prévu. Cependant, nous nous sommes vite rendu compte que la nouvelle bureaucratie était aussi difficile à gérer que l'ancienne bureaucratie.

Chaque commissaire avait ses favoris qu'il parvenait à répertorier comme employés sur le terrain, leur donnant ainsi droit à des rations de pain et à un repas. Ainsi, presque avant que de véritables ouvriers n'apparaissent sur les lieux, quatre-vingts prétendus « techniciens » étaient déjà en possession de tickets de dîner et de cartes de pain. Les hommes effectivement mobilisés pour les travaux ne reçurent pratiquement rien. Le résultat fut un sabotage général. La plupart des hommes envoyés pour préparer les maisons de repos pour les ouvriers venaient des camps de concentration : c'étaient des forçats et des déserteurs militaires. Je les avais souvent observés travailler, et pour leur rendre justice, il faut dire qu'ils ne se surmenaient pas. « Pourquoi devrions-nous », diraient-ils ; "Nous sommes nourris de soupe Sovietski, c'est de l'eau de vaisselle sale, et nous ne recevons que ce qui reste des oisifs qui nous commandent. Et qui se reposera dans ces maisons ? Pas nous, ni nos frères dans les usines. Seulement ceux qui en font partie. à la fête ou qui ont envie apprécieront cet endroit. En plus, la source est proche ; on a besoin de nous à la maison, à la ferme. En fait, ils n'ont pas fait d'efforts, ces vaillants fils du sol russe. Il n'y avait aucune motivation : ils n'avaient aucun point de contact avec la vie qui les entourait et personne ne pouvait leur expliquer le sens du travail dans la Russie révolutionnaire. Ils étaient hébétés par la guerre, la révolution et la faim : rien ne pouvait les sortir de leur stupeur.

De nombreux bâtiments de Kameniy Ostrov avaient été transformés en internats et en foyers pour déficients ; certains étaient occupés par d'anciens professeurs, enseignants et autres intellectuels. Depuis la Révolution, ces gens y vivaient sans être inquiétés, mais maintenant l'ordre est venu de quitter les lieux pour faire place aux maisons de repos. Comme presque rien n'avait été prévu pour fournir d'autres quartiers aux dépossédés, ils furent pratiquement forcés de descendre dans la rue. Les amis de Zinoviev, de Gorki ou d'autres communistes influents se chargeaient de leurs ennuis, mais ceux qui manquaient d'attrait ne trouvèrent aucune réparation. Les scènes de misère auxquelles j'étais obligé d'assister quotidiennement épuisaient mes énergies. Tout cela était inutilement cruel, peu pratique, sans aucune incidence sur la Révolution. À cela s'ajoutait le chaos et la confusion qui régnaient. Les fonctionnaires bureaucratiques semblaient prendre un plaisir particulier à annuler les ordres des uns et des autres. Les maisons déjà en cours de rénovation, et pour lesquelles beaucoup de travail et de matériaux ont été dépensés, seraient soudainement laissées inachevées et d'autres travaux commenceraient. Des manoirs remplis de trésors artistiques ont été transformés en logements de nuit, et des lits de fer sales ont été installés parmi des meubles anciens et des peintures à l'huile – une perte de temps et d'énergie incongrue et stupide. Zorin tenait fréquemment des consultations d'heure en heure avec le personnel d'artistes et d'ingénieurs élaborant des plans pour des théâtres, des amphithéâtres et des lieux de divertissement, tandis que les commissaires sabotaient les travaux. J'ai supporté cette situation douloureuse et ridicule pendant deux semaines, puis j'ai abandonné, désespéré.

Au début du mois de mai, les maisons de repos ouvrières de Kameniy Ostrov ont été inaugurées avec beaucoup de pompe, de musique et de discours. Des récits élogieux ont été diffusés sur les choses merveilleuses faites pour les travailleurs en Russie. En réalité, il s'agissait de Coney Island transférée dans les environs de Petrograd, une vitrine criarde pour visiteurs crédules. À partir de ce moment, l'attitude de Zorin à mon égard a changé. Il est devenu froid, voire hostile. Sans doute commençait-il à sentir la lutte qui se déroulait en moi et la rupture qui allait inévitablement se produire. J'ai cependant beaucoup vu Lisa Zorin, qui venait de devenir maman. Je l'ai allaitée ainsi que son bébé, heureux d'avoir ainsi l'occasion d'exprimer ma gratitude pour la chaleureuse amitié que les Zorins m'avaient témoignée pendant mes premiers mois en Russie. J'ai apprécié leur honnêteté et leur dévouement. Tous deux étaient si bien placés politiquement qu'ils pouvaient obtenir tout ce qu'ils voulaient, mais Lisa Zorin n'avait pas les vêtements les plus simples pour son bébé. "Des milliers de travailleuses russes n'en ont plus, et pourquoi devrais-je le faire?" Lisa dirait. Lorsqu'elle était si faible qu'elle ne pouvait pas allaiter son bébé, Zorin ne pouvait pas être incitée à demander des rations spéciales. J'ai dû conspirer contre eux en achetant des œufs et du beurre au marché pour sauver la vie de la mère et de l'enfant. Mais leur belle qualité de caractère rendait mon combat intérieur encore plus difficile. La raison m'a poussé à regarder les faits sociaux en face. Mon attachement personnel aux communistes que j'avais appris à connaître et à estimer refusait d'accepter les faits. Peu importe les maux, me disais-je, tant qu'il y aura des Zorin et des Balabanova, il doit y avoir quelque chose de vital dans les idées qu'ils représentent. Je m'accrochais avec ténacité au fantôme que j'avais moi-même créé.

CHAPITRE VIII
LE PREMIER MAI À PETROGRAD

En 1890, le 1er mai fut pour la première fois célébré en Amérique comme fête internationale du Parti travailliste. Le 1er Mai est devenu pour moi un événement formidable et inspirant. Assister à la célébration du 1er mai dans un pays libre était quelque chose dont on pouvait rêver, espérer, mais qui ne se réaliserait peut-être jamais. Et maintenant, en 1920, le rêve de plusieurs années était sur le point de devenir réalité dans la Russie révolutionnaire. J'avais hâte d'attendre le matin du premier mai. C'était une journée glorieuse, le chaud soleil faisant fondre la dernière croûte du dur hiver. Tôt le matin, des airs de musique m'ont accueilli : des groupes d'ouvriers et de soldats défilaient dans les rues en chantant des chants révolutionnaires. La ville était gaiement décorée : la place Uritski, face au Palais d'Hiver, était une masse de rouge, les rues avoisinantes une véritable explosion de couleurs. Des foules immenses se dirigeaient vers le Champ de Mars où étaient enterrés les héros de la Révolution.

Même si j'avais une carte d'admission à la tribune des critiques, j'ai préféré rester parmi le peuple, me sentir partie des grands hôtes qui avaient provoqué l'événement mondial. C'était leur jour, le jour de leur création. Pourtant... ils semblaient particulièrement calmes, d'un silence oppressant. Il n'y avait aucune joie dans leurs chants, aucune gaieté dans leurs rires. Machinalement ils marchaient, machinalement ils répondaient aux claqueurs de la tribune en criant « Hourra » au passage des colonnes.

Le soir, un spectacle devait avoir lieu. Bien avant l'heure fixée, la place Uritski, jusqu'au palais et jusqu'aux rives de la Neva, était remplie de gens rassemblés pour assister au spectacle en plein air symbolisant le triomphe du peuple. La pièce se composait de trois parties, la première décrivant les conditions qui ont conduit à la guerre et le rôle des socialistes allemands dans celle-ci ; la seconde reproduit la Révolution de Février, avec Kerensky au pouvoir ; la dernière : la Révolution d'Octobre. C'était une pièce magnifiquement mise en scène et jouée avec puissance, une pièce vivante, réelle, fascinante. Elle a été donnée sur les marches de l'ancienne Bourse, face à la Place. Sur la plus haute marche étaient assis les rois et les reines avec leurs courtisans, accompagnés de soldats en uniformes gais. La scène représente une affaire de gala : on annonce qu'un monument va être construit en l'honneur du capitalisme mondial. Il y a beaucoup de réjouissances et une orgie sauvage de musique et de danse s'ensuit. Puis des profondeurs émergent les masses asservies et laborieuses, leurs chaînes résonnant tristement au rythme de la musique ci-dessus. Ils répondent à l'ordre de construire le monument pour leurs maîtres : certains portent des marteaux et des enclumes ; d'autres chancellent sous le poids d'énormes blocs de pierre et de charges de briques.

Les ouvriers peinent dans leur monde de misère et d'obscurité, fouettés avec un plus grand effort par le fouet des conducteurs d'esclaves, tandis qu'au-dessus règnent la lumière et la joie et que les maîtres se régalent. L'achèvement du monument est signalé par de grands disques jaunes hissés au milieu de la joie du monde au sommet.

En ce moment, on voit flotter un petit drapeau rouge en bas, et un petit personnage harangue le peuple. Des poings en colère se lèvent, puis le drapeau et la silhouette disparaissent, pour réapparaître à nouveau dans différentes parties du monde souterrain. Le drapeau rouge retentit à nouveau, tantôt ici, tantôt là. Les gens reprennent peu à peu confiance et deviennent bientôt menaçants. L'indignation et la colère grandissent ; les rois et les reines s'alarment. Ils fuient vers la sécurité des citadelles et l'armée se prépare à défendre le bastion du capitalisme.

Nous sommes en août 1914. Les dirigeants se régalent à nouveau et les ouvriers asservissent. Les membres de la Deuxième Internationale assistent à la conférence des puissants. Ils restent sourds aux appels des travailleurs pour les sauver des horreurs de la guerre. Puis les accents de "God Save the King" annoncent l'arrivée de l'armée anglaise. Il est suivi par des soldats russes armés de mitrailleuses et d'artillerie, et par un cortège d'infirmières et d'infirmes, hommage au Moloch de guerre.

L'acte suivant représente la Révolution de Février. Des drapeaux rouges apparaissent partout, des voitures armées se précipitent. Le peuple prend d'assaut le Palais d'Hiver et démolit l'emblème du tsarisme. Le gouvernement Kerensky prend le contrôle et le peuple est ramené à la guerre. Vient ensuite la merveilleuse scène de la Révolution d'Octobre, avec des soldats et des marins galopant sur l'espace ouvert devant le bâtiment de marbre blanc. Ils gravissent les marches du palais, il y a une brève lutte et les vainqueurs sont salués par les masses dans une liesse sauvage. L'« Internationale » flotte dans les airs ; il monte de plus en plus haut en éclats de joie exultants. La Russie est libre : les ouvriers, les marins et les soldats inaugurent la nouvelle ère, le début de la commune mondiale !

L'image était extrêmement émouvante. Mais la grande masse restait silencieuse. Seuls de légers applaudissements furent entendus de la part de la grande foule. J'étais abasourdi. Comment expliquer cette étonnante absence de réponse ? Lorsque j'en ai parlé à Lisa Zorin, elle m'a dit que le peuple avait bel et bien vécu la Révolution d'Octobre et que le spectacle tombait forcément à plat par rapport à la réalité de 1917. Mais mon petit voisin communiste a donné une version différente. « Le peuple a subi tant de déceptions depuis octobre 1917, dit-elle, que la Révolution a perdu pour lui tout sens. La pièce a eu pour effet de rendre sa déception plus poignante.

CHAPITRE IX
MILITARISATION INDUSTRIELLE

Le IXe Congrès du Parti communiste panrusse, tenu en mars 1920, fut caractérisé par une série de mesures qui signifiaient un virage complet à droite. Au premier rang d'entre eux se trouvait la militarisation du travail et l'établissement d'une gestion unipersonnelle de l'industrie, par opposition au système d'ateliers collégiaux. Le travail obligatoire était depuis longtemps une loi inscrite dans les statuts de la République socialiste, mais il n'était appliqué, comme le disait Trotsky, « que de manière restreinte et privée ». Il fallait maintenant que la loi entre sérieusement en vigueur. La Russie devait disposer d'une armée industrielle militarisée pour lutter contre la désorganisation économique, même si l'Armée rouge avait conquis sur différents fronts. Une telle armée ne pourrait être mise au rang que par une discipline rigide, prétendait-on. Le système collégial d'usine devait faire place à la gestion militaro-industrielle.

Cette mesure fut âprement combattue au Congrès par la minorité communiste, mais la discipline de parti prévalut. Cependant, l'enthousiasme ne s'est pas calmé : les discussions sur le sujet se sont poursuivies longtemps après la clôture du congrès. Beaucoup de jeunes communistes ont reconnu que cette mesure marquait un pas vers la droite, mais ils ont défendu la décision de leur parti. "Le système collégial s'est avéré un échec", ont-ils déclaré. "Les travailleurs ne travailleront pas volontairement et notre industrie doit être relancée si nous voulons survivre encore un an."

Jack Reed partageait également ce point de vue. Il venait de rentrer après une vaine tentative pour atteindre l'Amérique via la Lettonie, et pendant des jours nous avons discuté de la nouvelle politique. Jack a insisté sur le fait que cela était inévitable tant que la Russie était attaquée et soumise au blocus. "Nous avons été obligés de mobiliser une armée pour combattre nos ennemis extérieurs, pourquoi pas une armée pour combattre notre pire ennemi intérieur, la faim ? Nous ne pouvons le faire qu'en remettant notre industrie sur pied." J'ai souligné le danger de la méthode militaire et je me suis demandé si l'on pouvait attendre des ouvriers qu'ils deviennent efficaces ou qu'ils travaillent intensivement sous la contrainte. Pourtant, Jack pensait que la mobilisation de la main-d'œuvre était inévitable. "De toute façon, il faut essayer", dit-il.

Petrograd était alors rempli de rumeurs de grèves. L'histoire a circulé selon laquelle Zinoviev et son équipe, alors qu'ils visitaient les usines pour expliquer la nouvelle politique, avaient été chassés des locaux par les ouvriers. Pour connaître la situation par moi-même, j'ai décidé de visiter les usines.

Dès mes premiers mois en Russie, j'avais demandé à Zorin la permission de les voir. Lisa Zorin m'avait demandé de prendre la parole lors de certaines réunions syndicales, mais j'ai refusé car je pensais qu'il serait présomptueux de ma part d'entreprendre d'enseigner à ceux qui avaient fait la révolution. De plus, je n'étais pas tout à fait à l'aise avec la langue russe à l'époque. Mais lorsque j'ai demandé à Zorin de me laisser visiter certaines usines, il s'est montré évasif. Après avoir fait la connaissance de Ravitch, je l'ai approché à ce sujet et elle a consenti volontiers.

Les premières usines à visiter furent l'usine Poutilov, la plus grande et la plus importante usine de fabrication de moteurs et d'automobiles. Quarante mille ouvriers y étaient employés avant la guerre. Aujourd'hui, j'ai appris que seulement 7 000 personnes étaient au travail. J'avais beaucoup entendu parler des Poutilovtsi : ils avaient joué un rôle héroïque dans les jours révolutionnaires et dans la défense de Petrograd contre Ioudenitch.

Au bureau de Putilov, nous avons été chaleureusement accueillis, présentés dans les différents départements, puis remis à un guide. Nous étions quatre dans le groupe, dont deux seulement parlaient russe. J'ai pris du retard pour interroger un groupe travaillant sur un banc. Au début, j'ai été accueilli avec les soupçons habituels, que j'ai surmontés en disant aux hommes que j'apportais les salutations de leurs frères en Amérique. "Et la révolution là-bas ?" On m'a immédiatement demandé. Cette idée d'une quasi-révolution en Europe et en Amérique semblait être devenue une obsession nationale. En Russie, tout le monde s'accrochait à cet espoir. Il était difficile de priver ces gens mal informés de leur foi naïve. « La révolution américaine n'est pas encore là, leur dis-je, mais la révolution russe a trouvé un écho parmi le prolétariat américain. » Je me suis renseigné sur leur travail, leur vie et leur attitude envers les nouveaux décrets. "Comme si nous n'avions pas été assez conduits auparavant", se plaignit l'un des hommes. "Maintenant, nous devons travailler sous la direction du *nagaika* [whip] militaire. Bien sûr, nous devrons être dans l'atelier, sinon ils nous puniront comme des déserteurs industriels. Mais comment peuvent-ils nous obtenir plus de travail ? Nous souffrons de la faim et froid. Nous n'avons pas la force de donner davantage. J'ai suggéré que le gouvernement était probablement obligé d'introduire de telles méthodes et que si l'industrie russe n'était pas relancée, la situation des travailleurs s'aggraverait encore davantage. En outre, les hommes de Poutilov recevaient le *payok préféré*. "Nous comprenons le grand malheur qui est arrivé à la Russie", a répondu l'un des ouvriers, "mais nous ne pouvons pas tirer davantage de nous-mêmes. Même les deux livres de pain que nous recevons ne suffisent pas. Regardez le pain", a-t-il déclaré : brandissant une croûte noire; "pouvons-nous vivre de cela ? Et de nos enfants ? Sans notre peuple dans le pays ou sans quelques échanges commerciaux sur le marché, nous mourrions complètement. Maintenant vient la nouvelle mesure qui nous arrache à notre peuple et nous envoie à l'autre bout. de Russie alors que nos frères de là-bas vont être traînés ici, loin de leur sol, c'est une mesure folle et ça ne marchera pas. »

"Mais que peut faire le gouvernement face à la pénurie alimentaire ?" J'ai demandé. "Pénurie alimentaire!" s'écria l'homme ; "Regardez les marchés. Avez-vous constaté une pénurie de nourriture là-bas ? La spéculation et la nouvelle bourgeoisie, c'est ça le problème. La direction individuelle est notre nouveau esclavagiste. D'abord la bourgeoisie nous a sabotés, et maintenant elle reprend le contrôle . Mais laissez-les essayer de nous diriger ! Ils le découvriront. »

Les hommes étaient amers et pleins de ressentiment. Bientôt, le guide revint voir ce que j'étais devenu. Il s'est donné beaucoup de mal pour expliquer que les conditions industrielles dans l'usine s'étaient considérablement améliorées depuis l'entrée en vigueur de la militarisation du travail. Les hommes étaient plus satisfaits et beaucoup plus de voitures avaient été rénovées et les moteurs réparés qu'au cours d'une période égale sous la direction précédente. Il y avait 7 000 personnes employées de manière productive dans les usines, m'a-t-il assuré. J'ai cependant appris que le chiffre réel était inférieur à 5 000 et que parmi eux seulement 2 000 environ étaient de véritables travailleurs. Les autres étaient des fonctionnaires et des employés du gouvernement.

Après les usines de Putilov, nous avons visité Treugolnik, la grande usine de caoutchouc de Russie. L'endroit était propre et les machines en bon état : une usine moderne et bien équipée. Lorsque nous sommes arrivés à l'atelier principal, nous avons été accueillis par le surintendant, qui était aux commandes depuis vingt-cinq ans. Il nous ferait visiter lui-même, dit-il. Il semblait très fier de l'usine, comme si c'était la sienne. Cela m'a plutôt surpris qu'ils aient réussi à tout garder en si bon état. Le guide expliqua que c'était parce que la quasi-totalité de l'ancien personnel avait été laissée aux commandes. Ils estimaient que, quoi qu'il arrive, ils ne devaient pas laisser l'endroit se détériorer. C'était certainement très louable, pensai-je, mais j'eus bientôt l'occasion de changer d'avis. À l'une des tables, coupant du caoutchouc, se trouvait un vieil ouvrier aux yeux bienveillants et au visage triste et spirituel. Il m'a rappelé le pèlerin Lucca dans "Night Lodgings" de Gorki. Notre guide a veillé de près, mais j'ai réussi à m'éclipser pendant que le surintendant expliquait quelques rouages aux autres membres de notre groupe.

"Eh bien, *Batyushka* , comment ça va avec toi ?" J'ai salué le vieil ouvrier. "Mauvais, *Matushka* ", répondit-il ; "Les temps sont très durs pour nous, les vieux." Je lui ai dit à quel point j'étais impressionné de trouver tout en si bon état dans le magasin. "C'est vrai", commenta le vieil ouvrier, "mais c'est parce que le surintendant et son équipe espèrent de jour en jour qu'il y aura à nouveau un changement et que le Treugolnik reviendra à ses anciens propriétaires. Je les connais. " J'ai travaillé ici bien avant que le maître allemand de cette usine n'installe les nouvelles machines. "

En traversant les différentes pièces de l'usine, j'ai vu les femmes et les filles lever les yeux avec une terreur évidente. Cela paraissait étrange dans un pays où les prolétaires étaient les maîtres. Apparemment, les machines n'étaient pas les seules choses qui avaient été soigneusement surveillées : l'ancienne discipline aussi avait été préservée : les employés nous prenaient pour des inspecteurs bolcheviques.

Le grand moulin à farine de Petrograd, visité ensuite, semblait en état de siège, avec des soldats armés partout, même à l'intérieur des ateliers. L'explication donnée était que de grandes quantités de farine précieuse avaient disparu. Les soldats surveillaient les ouvriers comme s'ils étaient des galériens, et les ouvriers étaient naturellement mécontents d'un tel traitement humiliant. Ils osaient à peine parler. Un jeune homme, un bel homme, s'est plaint auprès de moi des conditions. « Nous sommes ici des prisonniers virtuels », a-t-il déclaré ; "Nous ne pouvons pas faire un pas sans autorisation. Nous travaillons dur huit heures avec seulement dix minutes pour notre *kipyatok* [eau bouillie] et nous sommes fouillés à la sortie du moulin." "Le vol de farine n'est-il pas la cause d'une surveillance stricte ?" J'ai demandé. "Pas du tout", répondit le garçon; "Les commissaires du moulin et les soldats savent bien où va la farine." J'ai suggéré que les ouvriers pourraient protester contre un tel état de choses. « Protestation, contre qui ? s'écria le garçon ; "nous serions traités de spéculateurs et de contre-révolutionnaires et nous serions arrêtés." "La Révolution ne vous a rien apporté ?" J'ai demandé. "Ah, la Révolution ! Mais ce n'est plus ça. Finie", dit-il avec amertume.

Le lendemain matin, nous avons visité l'usine de tabac Laferm. L'endroit était en pleine activité. Nous avons parcouru l'usine et tout le processus nous a été expliqué, en commençant par le tri de la matière première et en terminant par les cigarettes finies emballées pour la vente ou l'expédition. L'air dans les ateliers était étouffant, nauséabond. « Les femmes sont habituées à cette atmosphère », dit le guide ; "ça ne les dérange pas." Il y avait des femmes enceintes au travail et des filles de moins de quatorze ans. Ils avaient l'air hagard, le torse enfoncé, des cernes noirs sous les yeux. Certains d'entre eux toussaient et des rougeurs intenses de consomption apparaissaient sur leurs visages. "Y a-t-il une salle de loisirs, un endroit où ils peuvent manger ou boire leur thé et respirer un peu d'air frais ?" Cela n'existait pas, m'a-t-on informé. Les femmes sont restées au travail huit heures consécutives ; ils prenaient leur thé et leur pain noir sur leurs bancs. Le système était celui du travail aux pièces, les salariés recevant quotidiennement vingt-cinq cigarettes en plus de leur salaire avec la permission de les vendre ou de les échanger.

J'ai parlé à certaines femmes. Ils ne se plaignaient pas, sauf d'être obligés de vivre loin de l'usine. Dans la plupart des cas, il fallait plus de deux heures pour se rendre au travail et en revenir. Ils avaient demandé à être cantonnés près du Laferm et ils reçurent une promesse à cet effet, mais on n'en eut plus aucune nouvelle.

La vie a certainement une manière de nous faire des farces particulières. En Amérique, j'aurais dû mépriser l'idée du travail social : j'aurais dû le considérer comme un palliatif bon marché. Mais dans la Russie socialiste, la vue de femmes enceintes travaillant dans l'air étouffant du tabac et se saturant elles-mêmes et leur enfant à naître avec le poison m'a semblé un mal fondamental. J'ai parlé à Lisa Zorin pour voir si quelque chose ne pouvait pas être fait pour améliorer la perversité. Lisa affirmait que le « travail à la pièce » était le seul moyen d'inciter les filles à travailler. Quant aux toilettes, les femmes elles-mêmes s'étaient déjà battues pour les obtenir, mais jusqu'à présent, rien n'a pu être fait car aucun espace ne pouvait être épargné dans l'usine. "Mais si même de si petites améliorations n'avaient pas été le résultat de la Révolution", ai-je argumenté, "à quoi cela a-t-il servi ?" "Les ouvriers ont pris le contrôle", a répondu Lisa ; "Ils sont maintenant au pouvoir, et ils ont des choses plus importantes à faire que les toilettes : ils ont la Révolution à défendre." Lisa Zorin était restée très prolétaire, mais elle raisonnait comme une religieuse vouée au service de l'Église.

L'idée m'oppressait que ce qu'elle appelait la « défense de la Révolution » n'était en réalité que la défense de son parti au pouvoir. Quoi qu'il en soit, ma tentative d'action sociale n'a abouti à rien.

CHAPITRE X
LA MISSION OUVRIÈRE BRITANNIQUE

J'ai été heureux d'apprendre qu'Angelica Balabanova était arrivée à Petrograd pour préparer les quartiers de la mission ouvrière britannique. Durant mon séjour à Moscou, j'ai appris à connaître et à apprécier le bel esprit d'Angélique. Elle m'était très dévouée et lorsque je tombais malade, elle me consacrait beaucoup de temps, me procurait des médicaments qui ne pouvaient être obtenus qu'à la pharmacie du Kremlin et me procurait des rations spéciales pour les malades. Son amitié était généreuse et touchante, et elle m'a beaucoup plu.

Le palais Narishkin devait être préparé pour la mission et Angélique m'a invité à l'y accompagner. J'ai remarqué qu'elle avait l'air plus épuisée et affligée que lorsque je l'avais vue à Moscou. Notre conversation m'a fait comprendre qu'elle souffrait profondément d'une réalité si différente de son idéal. Mais elle a insisté sur le fait que ce qui me semblait un échec était conditionné par la vie elle-même, elle-même le plus grand échec.

Le palais Narishkine est situé sur la rive sud de la Neva, presque en face de la forteresse Pierre et Paul. Le lieu était préparé pour les invités attendus et un certain nombre de domestiques et de cuisiniers étaient installés pour subvenir à leurs besoins. Bientôt, la mission arriva – pour la plupart des délégués ouvriers typiques – et avec eux une équipe de journalistes et de Mme Snowden. La figure la plus marquante d'entre eux fut Bertrand Russell, qui démontra rapidement son indépendance et sa détermination à être libre d'enquêter et d'apprendre de première main.

En l'honneur de la Mission, les bolcheviks organisèrent une grande manifestation sur la place Uritski. Des milliers de personnes, parmi lesquelles des femmes et des enfants, sont venues témoigner leur gratitude aux représentants ouvriers anglais pour s'être aventurés dans la Russie révolutionnaire. La cérémonie consistait en le chant de « l'Internationale », suivi de musique et de discours, ces derniers traduits de façon magistrale par Balabanova. Puis vinrent les exercices militaires. J'ai entendu Mme Snowden dire avec désapprobation : « Quelle démonstration militaire ! Je n'ai pas pu résister à la tentation de dire : « Madame, rappelez-vous que la grande armée russe est en grande partie l'œuvre de votre propre pays. Si l'Angleterre n'avait pas aidé à financer les invasions de la Russie, celle-ci aurait pu envoyer ses soldats à un travail utile.

La mission britannique était royalement divertie avec des théâtres, des opéras, des ballets et des excursions. Le luxe leur était imposé tandis que les gens travaillaient et souffraient de faim. Le gouvernement soviétique n'a rien négligé pour créer une bonne impression et tout ce qui était de nature inquiétante a été caché aux visiteurs. Angelica détestait les étalages et les impostures, et souffrait profondément sous la surveillance rigide placée sur chaque mouvement de la Mission. "Pourquoi ne devraient-ils pas voir le véritable état de la Russie ? Pourquoi ne devraient-ils pas apprendre comment vit le peuple russe ?" elle se lamenterait. "Pourtant, je suis tellement peu pratique", se corrigeait-elle ; "Peut-être que c'est tout à fait nécessaire." Au bout de deux semaines, un banquet d'adieu a été offert aux visiteurs. Angelica a insisté pour que je sois présente. De nouveau, il y eut des discours et des toasts, comme c'est la coutume lors de telles réceptions. Les discours qui semblaient les plus sincères étaient ceux de Balabanova et de Mme Ravitch. Cette dernière m'a demandé d'interpréter son discours, ce que j'ai fait. Elle a parlé au nom des prolétaires russes et a loué leur courage et leur dévouement à la Révolution. « Puissent les prolétaires anglais apprendre la qualité de leurs héroïques sœurs russes », conclut Mme Ravitch. Mme Snowden, l'ancienne suffragette, n'a pas eu un mot de réponse. Elle a conservé une réserve « digne ». Cependant, la dame s'est animée à la fin des discours et s'est occupée de recueillir des autographes.

CHAPITRE XI
UNE VISITE DE L'UKRAINE

Au début du mois de mai, deux jeunes Ukrainiens sont arrivés à Petrograd. Tous deux vivaient en Amérique depuis plusieurs années et étaient actifs dans les mouvements travaillistes et anarchistes yiddish. L'un d'eux avait également été rédacteur en chef d'un hebdomadaire anarchiste anglais, *The Alarm*, publié à Chicago. En 1917, au début de la Révolution, ils partent pour la Russie avec d'autres émigrés. Arrivés dans leur pays natal, ils rejoignirent les activités anarchistes qui avaient pris un formidable élan grâce à la Révolution. Leur domaine principal était l'Ukraine. En 1918, ils contribuèrent à l'organisation de la Fédération anarchiste *Nabat* [Alarme] et commencèrent la publication d'un journal portant ce nom. Théoriquement, ils étaient en désaccord avec les bolcheviks ; pratiquement, les anarchistes de la Fédération, comme les anarchistes de toute la Russie, travaillèrent avec les bolcheviks et combattirent également sur tous les fronts contre les forces contre-révolutionnaires.

Lorsque les deux camarades ukrainiens ont appris notre arrivée en Russie, ils ont essayé à plusieurs reprises de nous rejoindre, mais en raison des conditions politiques et de l'impossibilité pratique de voyager, ils n'ont pas pu venir vers le nord. Par la suite, ils furent arrêtés et emprisonnés par les bolcheviks. Dès leur libération, ils partirent pour Petrograd, voyageant illégalement. Ils connaissaient les dangers auxquels ils étaient confrontés — arrestation et éventuelle fusillade pour possession et utilisation de faux documents — mais ils étaient prêts à tout risquer car ils étaient déterminés à ce que nous connaissions les faits sur les mouvements *povstantsi* [paysans révolutionnaires] dirigés par ce personnage extraordinaire. , Nestor Makhno. Ils voulaient nous faire connaître l'histoire des activités anarchistes en Russie et raconter comment la main de fer des bolcheviks les avait écrasés.

Pendant deux semaines, dans le calme des nuits de Petrograd, les deux anarchistes ukrainiens ont déroulé devant nous le panorama de la lutte en Ukraine. Sans passion, tranquillement et avec un détachement presque étrange, les jeunes hommes ont raconté leur histoire.

Treize gouvernements différents avaient « gouverné » l'Ukraine. Chacun d'eux avait volé et assassiné la paysannerie, commis d'horribles pogroms et laissé sur son passage la mort et la ruine. Les paysans ukrainiens, race plus indépendante et plus dynamique que leurs frères du Nord, en étaient venus à haïr tous les gouvernements et toutes les mesures qui menaçaient leur terre et leur liberté. Ils se sont unis et ont combattu leurs oppresseurs tout au long des longues années de la période révolutionnaire. Les paysans n'avaient pas de théories ; ils ne pouvaient être classés dans aucun parti politique. Ils avaient une haine instinctive de la tyrannie et pratiquement toute l'Ukraine devint bientôt un camp rebelle. Dans ce chaudron bouillonnant entra, en 1917, Nestor Makhno.

Makhno était d'origine ukrainienne. Rebelle naturel, il s'intéresse très tôt à l'anarchisme. À dix-sept ans, il attenta la vie d'un espion tsariste et fut condamné à mort, mais en raison de son extrême jeunesse, la peine fut commuée en *katorga* à perpétuité [emprisonnement sévère, un tiers de la peine enchaîné]. La Révolution de Février a ouvert les portes des prisons à tous les prisonniers politiques, parmi lesquels Makhno. Il avait ensuite passé dix ans à la prison Butirky, à Moscou. Il n'avait qu'une scolarité limitée lors de sa première arrestation, mais en prison, il avait utilisé ses loisirs à bon escient. Au moment de sa libération, il avait acquis des connaissances considérables en histoire, en économie politique et en littérature. Peu de temps après sa libération, Makhno retourna dans son village natal, Gouliaï-Poleh, où il organisa un syndicat et le soviet local. Puis il se lança dans le mouvement révolutionnaire et, pendant toute l'année 1917, il fut le maître spirituel et le chef des paysans rebelles qui s'étaient soulevés contre les propriétaires fonciers.

En 1918, lorsque la paix de Brest ouvrit l'Ukraine à l'occupation allemande et autrichienne, Makhno organisa des bandes paysannes rebelles pour se défendre contre les armées étrangères. Il combattit Skoropadski, l'hetman ukrainien, soutenu par les baïonnettes allemandes. Il a mené avec succès une guérilla contre Petlura, Kaledin, Grigoriev et Denikin. Anarchiste conscient, il s'est efforcé de donner un but et un but précis à la rébellion instinctive de la paysannerie. C'était l'idée de Makhno selon laquelle la révolution sociale devait être défendue contre tous les ennemis, contre toute tentative contre-révolutionnaire ou réactionnaire de droite et de gauche. En même temps, un travail éducatif et culturel était mené parmi les paysans pour les développer selon des lignes anarchistes-communistes dans le but de créer des communes paysannes libres.

En février 1919, Makhno conclut un accord avec l'Armée rouge. Il devait continuer à tenir le front sud contre Dénikine et recevoir des bolcheviks les armes et les munitions nécessaires. Makhno devait rester à la tête des *povstantsi*, devenus désormais une armée, cette dernière disposant d'une autonomie dans ses organisations locales, les soviets révolutionnaires de district, qui couvraient plusieurs provinces. Il fut convenu que les *povstantsi* auraient le droit de tenir des conférences, de discuter librement de leurs affaires et de prendre des mesures à leur sujet. Trois de ces conférences ont eu lieu en février, mars et avril. Mais les bolcheviks n'ont pas respecté cet accord. Les fournitures promises à Makhno, et dont il avait désespérément besoin, arriveraient avec de longs retards ou n'arriveraient pas du tout. Il a été accusé que cette situation était due aux ordres de Trotsky qui ne voyait pas d'un bon oeil l'armée rebelle indépendante. Quoi qu'il en soit, Makhno était gêné à chaque pas, tandis que Dénikine gagnait constamment du terrain. Bientôt, les bolcheviks commencèrent à s'opposer aux Soviétiques paysans libres et, en mai 1919, le commandant en chef des armées du sud, Kamenev, accompagné de membres du gouvernement de Kharkov, arriva au quartier général de Makhno pour régler les questions controversées. Finalement, les représentants militaires bolcheviques ont exigé la dissolution *des povstantsi* . Ces derniers refusèrent, accusant les bolcheviks de violation de leur accord révolutionnaire.

Pendant ce temps, l'avancée de Dénikine devenait de plus en plus menaçante et Makhno ne recevait toujours aucun soutien des bolcheviks. L'armée paysanne décida alors de convoquer une session extraordinaire du soviet pour le 15 juin. Des plans et des méthodes précis devaient être arrêtés pour enrayer la menace croissante de Dénikine. Mais le 4 juin, Trotsky publia un ordre interdisant la tenue de la Conférence et déclarant Makhno hors-la-loi. Lors d'une réunion publique à Kharkov, Trotsky a déclaré qu'il valait mieux permettre aux Blancs de rester en Ukraine plutôt que de subir Makhno. La présence des Blancs, disait-il, influencerait la paysannerie ukrainienne en faveur du gouvernement soviétique, tandis que Makhno et ses *povstantsi* ne feraient jamais la paix avec les bolcheviks ; ils tenteraient de s'emparer d'un certain territoire et de mettre en pratique leurs idées, ce qui constituerait une menace constante pour le gouvernement communiste. C'était pratiquement une déclaration de guerre contre Makhno et son armée. Bientôt, ce dernier se trouva attaqué de deux côtés à la fois : par les bolcheviks et par Dénikine. Les *povstantsi* étaient mal équipés et manquaient des approvisionnements les plus nécessaires pour la guerre, mais l'armée paysanne réussit pendant un temps considérable à se défendre grâce au pur génie militaire de son chef et au courage téméraire de ses rebelles dévoués.

Au même moment, les bolcheviks entamèrent une campagne de dénonciation contre Makhno et ses *povstantsi* . La presse communiste l'accusait d'avoir traîtreusement ouvert le front sud à Dénikine, et qualifiait l'armée de Makhno de bande de bandits et son chef de contre-révolutionnaire qui devait être détruit à tout prix. Mais ce « contre-révolutionnaire » était pleinement conscient de la menace que Dénikine faisait peser sur la Révolution. Il rassembla de nouvelles forces et de nouveaux soutiens parmi les paysans et, au cours des mois de septembre et octobre 1919, sa campagne contre Dénikine porta à ce dernier le coup fatal à l'Ukraine. Makhno s'empare de la base d'artillerie de Dénikine à Mariopol, anéantit l'arrière de l'armée ennemie et réussit à séparer le corps principal de sa base de ravitaillement. Cette brillante manœuvre de Makhno et les combats héroïques de l'armée rebelle provoquèrent à nouveau des contacts amicaux avec les bolcheviks.

L'interdiction fut levée dans les *povstantsi* et la presse communiste commença alors à faire l'éloge de Makhno comme d'un grand génie militaire et d'un courageux défenseur de la révolution en Ukraine. Mais les différences entre Makhno et les bolcheviks étaient profondes : il s'efforçait d'établir des communes paysannes libres en Ukraine, tandis que les communistes s'acharnaient à imposer la domination de Moscou. En fin de compte, un affrontement était inévitable et il survint au début de janvier 1920.

A cette époque, un nouvel ennemi menaçait la Révolution. Grigoriev, ancien membre de l'armée tsariste, plus tard ami des bolcheviks, se retourna désormais contre eux. Ayant obtenu un soutien considérable dans le sud grâce à ses slogans de liberté et de soviets libres, Grigoriev proposa à Makhno d'unir leurs forces contre le régime communiste. Makhno a convoqué une réunion des deux armées et y a accusé publiquement Grigoriev de contre-révolution et a produit des preuves de nombreux pogroms organisés par lui contre les Juifs. Déclarant Grigoriev ennemi du peuple et de la Révolution, Makhno et son état-major le condamnèrent à mort, ainsi que ses collaborateurs, et les exécutèrent sur-le-champ. Une partie de l'armée de Grigoriev rejoignit Makhno.

Pendant ce temps, Dénikine continuait de faire pression sur Makhno, le forçant finalement à se retirer de son poste. Non sans bien sûr d'âpres combats tout au long de la ligne de neuf cents verstes, la retraite durant quatre mois, Makhno marchant vers la Galice. Dénikine s'avança sur Kharkov, puis plus au nord, captura Orel et Koursk, et atteignit enfin les portes de Toula, dans le voisinage immédiat de Moscou.

L'Armée rouge semblait impuissante à freiner l'avancée de Dénikine, mais entre-temps Makhno avait rassemblé de nouvelles forces et attaqué Dénikine par l'arrière. Le caractère inattendu de ce nouveau tournant et les extraordinaires exploits militaires des hommes de Makhno dans cette campagne désorganisèrent les plans de Dénikine, démoralisèrent son armée et donnèrent à l'Armée rouge l'occasion de prendre l'offensive contre l'ennemi contre-révolutionnaire dans les environs de Toula.

Lorsque l'Armée rouge atteignit Alexandrovsk, après avoir finalement battu les forces de Dénikine, Trotsky demanda à nouveau à Makhno de désarmer ses hommes et de se placer sous la discipline de l'Armée rouge. Les *povstantsi* refusèrent, après quoi une campagne militaire organisée contre les rebelles fut inaugurée, les bolcheviks faisant de nombreux prisonniers et en tuant des dizaines d'autres. Makhno, qui a réussi à échapper au filet bolchevique, a de nouveau été déclaré hors-la-loi et bandit. Depuis lors, Makhno mène sans interruption une guérilla contre le régime bolchevique.

L'histoire des amis ukrainiens, que j'ai racontée ici sous une forme très condensée, sonnait aussi romantique que les exploits de Stenka Rasin, la célèbre rebelle cosaque immortalisée par Gogol. Romantique et pittoresque, mais quelle portée les activités de Makhno et de ses hommes ont-elles eu sur l'anarchisme, j'ai interrogé les deux camarades. Makhno, m'ont expliqué mes informateurs, était lui-même un anarchiste cherchant à libérer l'Ukraine de toute oppression et s'efforçant de développer et d'organiser les tendances anarchistes latentes des paysans. A cette fin, Makhno avait fait appel à plusieurs reprises aux anarchistes d'Ukraine et de Russie pour l'aider. Il leur a offert les plus larges possibilités de travail de propagande et d'éducation, leur a fourni des imprimeries et des lieux de réunion et leur a donné la plus grande liberté d'action. Chaque fois que Makhno s'emparait d'une ville, la liberté d'expression et de presse pour les anarchistes et les socialistes-révolutionnaires de gauche était établie. Makhno disait souvent : "Je suis un militaire et je n'ai pas de temps pour un travail éducatif. Mais vous qui êtes écrivains et conférenciers, vous pouvez faire ce travail. Rejoignez-moi et ensemble nous pourrons préparer le terrain pour une véritable expérience anarchiste." ". Mais la principale valeur du mouvement Makhno résidait dans les paysans eux-mêmes, pensaient mes camarades. C'était un mouvement spontané et élémentaire, l'opposition des paysans à tout gouvernement étant le résultat non de théories mais d'une expérience amère et d'un amour instinctif de la liberté. Ils constituaient un terrain fertile pour les idées anarchistes. C'est pour cette raison qu'un certain nombre d'anarchistes rejoignirent Makhno. Ils furent avec lui dans la plupart de ses campagnes militaires et poursuivirent énergiquement la propagande anarchiste pendant cette période.

Zorin et d'autres communistes m'ont dit que Makhno était un harceleur de Juifs et que ses *povstantsi* étaient responsables de nombreux pogroms brutaux. Mes visiteurs ont catégoriquement nié les accusations. Makhno combattait âprement les pogroms, disaient-ils ; il avait souvent publié des proclamations contre de tels attentats, et il avait même puni de sa propre main certains des coupables d'agressions contre les Juifs. La haine des Hébreux était bien sûr courante en Ukraine ; elle n'a pas été éradiquée même parmi les soldats rouges. Eux aussi ont agressé, volé et indigné les Juifs ; Pourtant, personne ne tient les bolcheviks pour responsables de ces cas isolés. L'Ukraine est infestée de bandes armées que l'on prend souvent pour des makhnovtsi et qui ont commis des pogroms. Les bolcheviks, conscients de cela, ont exploité la confusion pour discréditer Makhno et ses partisans. Cependant, l'anarchiste d'Ukraine – m'a-t-on dit – n'a pas idéalisé le mouvement Makhno. Ils savaient que les *povstantsi* n'étaient pas des anarchistes conscients. Leur journal *Nabat* avait souligné à plusieurs reprises ce fait. D'un autre côté, les anarchistes ne pouvaient pas négliger l'importance du mouvement populaire qui était instinctivement rebelle, anarchiste et qui réussissait à repousser les ennemis de la Révolution, ce que l'armée bolchevique, mieux organisée et mieux équipée, ne pouvait accomplir. Pour cette raison, de nombreux anarchistes considéraient qu'il était de leur devoir de travailler avec Makhno. Mais le gros restait à l'écart ; ils avaient un travail culturel, éducatif et organisationnel plus vaste à accomplir.

Les forces d'invasion contre-révolutionnaires, bien que différentes par leur caractère et leurs objectifs, étaient toutes d'accord dans leur persécution incessante contre les anarchistes. Ces derniers devaient souffrir, quel que soit le nouveau régime. Les bolcheviks n'étaient pas meilleurs à cet égard que Dénikine ou tout autre élément blanc. Les anarchistes remplissaient les prisons bolcheviques ; beaucoup ont été abattus et toutes les activités anarchistes légales ont été supprimées. La Tchéka en particulier accomplissait un travail épouvantable, après avoir ressuscité les anciennes méthodes tsaristes, y compris la torture.

Mes jeunes visiteurs parlaient d'expérience : ils avaient eux-mêmes séjourné à plusieurs reprises dans les prisons bolcheviques.

XII
SOUS LA SURFACE

L'histoire terrible que j'écoutais depuis deux semaines m'a envahi comme une tempête. Était-ce la Révolution à laquelle j'avais cru toute ma vie, à laquelle j'avais aspiré et à laquelle je m'efforçais d'intéresser les autres, ou était-ce une caricature, un monstre hideux venu se moquer de moi ? Les communistes que j'avais rencontrés quotidiennement pendant six mois, des hommes et des femmes dévoués, travailleurs et imprégnés d'un idéal élevé, étaient-ils capables de la trahison et des horreurs qui leur étaient reprochées ? Zinoviev, Radek, Zorin, Ravitch et bien d'autres que j'avais appris à connaître pouvaient-ils, au nom d'un idéal mentir, diffamer, torturer, tuer ? Mais alors, Zorine ne m'avait-il pas dit que la peine capitale avait été abolie en Russie ? Pourtant, j'ai appris peu après mon arrivée que des centaines de personnes avaient été fusillées la veille même du jour où le nouveau décret était entré en vigueur et qu'en réalité les tirs de la Tcheka n'avaient jamais cessé.

Que mes amis n'exagéraient pas lorsqu'ils parlaient des tortures de la Tcheka, je l'ai aussi appris d'autres sources. Les plaintes concernant les conditions de détention effroyables dans les prisons de Petrograd étaient devenues si nombreuses que Moscou était au courant de la situation. Un inspecteur de Tcheka est venu enquêter. Les prisonniers ayant peur de parler, l'immunité leur fut promise. Mais à peine l'inspecteur était-il parti qu'un des détenus, un jeune garçon qui avait très ouvertement critiqué les brutalités pratiquées par les Tchéka, a été traîné hors de sa cellule et cruellement battu.

Pourquoi Zorin a-t-il eu recours au mensonge ? Il devait sûrement savoir que je ne resterais pas très longtemps dans le noir. Et puis Lénine n'était-il pas lui aussi coupable des mêmes méthodes ? "Les anarchistes d'idées [*ideyni*] ne sont pas dans nos prisons", m'avait-il assuré. Pourtant, à ce moment précis, de nombreux anarchistes remplissaient les prisons de Moscou, de Petrograd et de nombreuses autres villes de Russie. En mai 1920, des dizaines d'entre eux avaient été arrêtés à Petrograd, parmi lesquels deux jeunes filles de dix-sept et dix-neuf ans. Aucun des prisonniers n'était accusé d'activités contre-révolutionnaires : c'étaient des « anarchistes d'idées », pour reprendre l'expression de Lénine. Plusieurs d'entre eux avaient publié un manifeste pour le 1er mai, attirant l'attention sur les conditions épouvantables qui régnaient dans les usines de la République socialiste. Les deux jeunes filles qui avaient fait circuler un prospectus contre le « livret de travail », qui venait alors d'entrer en vigueur, ont également été arrêtées.

Le livre du travail a été salué par les bolcheviks comme l'une des grandes réalisations communistes. Cela établirait l'égalité et abolirait le parasitisme, prétendait-on. En fait, le livret de travail ressemblait un peu au ticket jaune délivré aux prostituées sous le régime tsariste. C'était un enregistrement de chaque pas effectué, et sans lui, aucun pas ne pourrait être fait. Il liait son détenteur à son travail, à la ville dans laquelle il vivait et à la chambre qu'il occupait. Il enregistrait la foi politique et l'adhésion à un parti, ainsi que le nombre de fois où la personne avait été arrêtée. Bref, un ticket jaune. Même certains communistes étaient mécontents de cette innovation dégradante. Les anarchistes qui protestaient contre cette décision furent arrêtés par la Tcheka. Lorsque certains dirigeants communistes furent contactés à ce sujet, ils répétèrent ce que Lénine avait dit : « Il n'y a pas d'anarchistes d'idées dans nos prisons. »

L'auréole tombait des communistes. Tous semblaient croire que la fin justifiait les moyens. Je me suis souvenu des déclarations de Radek lors du premier anniversaire de la Troisième Internationale, lorsqu'il racontait à son auditoire la « merveilleuse propagation du communisme » en Amérique. « Cinquante mille communistes sont dans les prisons américaines », s'est-il exclamé. "Molly Stimer, une jeune fille de dix-huit ans, et ses compagnons masculins, tous communistes, avaient été expulsés d'Amérique en raison de leurs activités communistes." Je pensais à l'époque que Radek était mal informé. Pourtant, il semblait étrange qu'il ne se soit pas assuré de ses faits avant de faire de telles affirmations. Ils étaient malhonnêtes et constituaient une insulte à Molly Stimer et à ses camarades anarchistes, s'ajoutant à l'injustice qu'ils avaient subie de la part de la ploutocratie américaine.

Au cours des derniers mois, j'en avais vu et entendu suffisamment pour devenir quelque peu familier avec la psychologie communiste, ainsi qu'avec les théories et les méthodes des bolcheviks. Je n'étais plus surpris de l'histoire de leur double jeu avec Makhno, des brutalités pratiquées par la Tcheka, des mensonges de Zorin. J'avais réalisé que les communistes croyaient implicitement à la formule jésuitique selon laquelle la fin justifie *tous* les moyens. En fait, ils se glorifiaient de cette formule. Toute suggestion sur la valeur de la vie humaine, la qualité du caractère, l'importance de l'intégrité révolutionnaire comme base d'un nouvel ordre social, fut rejetée et qualifiée de « sentimentalité bourgeoise », qui n'avait pas sa place dans le schéma révolutionnaire des choses. Pour les bolcheviks, le but à atteindre était l'État communiste, ou la soi-disant dictature du prolétariat. Tout ce qui favorisait cet objectif était justifiable et révolutionnaire. Les Lénine, Radek et Zorin étaient donc tout à fait cohérents. Obsédés par l'infaillibilité de leur credo, se donnant à fond, ils pouvaient être à la fois héroïques et méprisables. Ils pouvaient travailler vingt heures par jour, vivre de hareng et de thé et ordonner le massacre d'hommes et de femmes innocents. Parfois, ils cherchaient à masquer leurs meurtres en feignant un « malentendu », car la fin ne justifie-t-elle pas tous les moyens ? Ils pouvaient recourir à la torture et nier l'inquisition, ils pouvaient mentir et diffamer et se qualifier d'idéalistes. En bref, ils pouvaient faire croire à eux-mêmes et aux autres que tout était légitime et juste du point de vue révolutionnaire ; toute autre politique était faible, sentimentale ou une trahison de la Révolution.

À une certaine occasion, lorsque j'ai critiqué la manière brutale avec laquelle des femmes délicates étaient conduites dans les rues pour pelleter la neige, en insistant sur le fait que même si elles avaient appartenu à la bourgeoisie, elles étaient humaines et qu'il fallait prendre en considération la forme physique, un communiste m'a dit : « Tu devrais avoir honte de toi, toi, vieux révolutionnaire et pourtant si sentimental. C'était la même attitude que certains communistes avaient envers Angelica Balabanova, parce qu'elle était toujours soucieuse et désireuse d'aider autant que possible. En bref, j'en étais venu à comprendre que les bolcheviks étaient des puritains sociaux qui croyaient sincèrement qu'eux seuls étaient destinés à sauver l'humanité. Mes relations avec les bolcheviks sont devenues plus tendues, mon attitude envers la Révolution, comme je la trouvais plus critique.

Une chose m'est apparue clairement : je ne pouvais pas m'affilier au gouvernement soviétique ; Je ne pouvais accepter aucun travail qui me placerait sous le contrôle de la machine communiste. Le Commissariat à l'Éducation était tellement dominé par cette machine qu'il était impossible d'attendre autre chose qu'un travail de routine. En fait, à moins d'être communiste, on ne peut presque rien accomplir. J'avais hâte de rejoindre Lounatcharski, que je considérais comme l'un des communistes les plus cultivés et les moins dogmatiques occupant des postes élevés. Mais je suis devenu convaincu que Lounatcharski lui-même était un rouage impuissant de la machine, ses meilleurs efforts étant constamment réduits et freinés. J'avais également beaucoup appris sur le système de favoritisme et de corruption qui prévalait dans la gestion des écoles et le traitement des enfants. Certaines écoles étaient dans un état splendide, les enfants bien nourris et bien habillés, profitant de concerts, de pièces de théâtre, de danses et d'autres divertissements. Mais la majorité des écoles et des foyers pour enfants étaient sordides, sales et négligés. Les responsables des écoles « préférées » n'ont eu aucune difficulté à se procurer tout ce dont ils avaient besoin, souvent en situation excédentaire. Mais les gardiens des écoles « communes » perdaient chaque semaine leur temps et leur énergie à aller d'un département à l'autre, découragés et évanouis par une attente interminable avant de pouvoir obtenir le strict nécessaire.

Au début, j'attribuais cette situation à la pénurie de nourriture et de matériaux. J'ai entendu dire assez souvent que le blocus et l'intervention en étaient responsables. Dans une large mesure, c'était vrai. Si la Russie n'avait pas été aussi affamée, la mauvaise gestion et la corruption n'auraient pas eu des conséquences aussi fatales. Mais à la rareté des choses s'ajoutait la notion dominante de propagande communiste. Même les enfants devaient servir à cette fin. Les écoles bien entretenues étaient destinées au spectacle des missions étrangères et des délégués en visite en Russie. Tout a été prodigué à ces écoles-spectacles au détriment des autres.

Je me souviens de la façon dont tout le monde avait été surpris à Petrograd par un article paru dans la *Pravda de Petrograd* du mois de mai, révélant des conditions épouvantables dans les écoles. Un comité des organisations de la Jeunesse Communiste a enquêté sur certaines institutions. Ils ont trouvé les enfants sales, pleins de vermine, dormant sur des matelas crasseux, nourris avec une nourriture misérable, punis en étant enfermés dans des pièces sombres pour la nuit, forcés de se passer de leurs dîners et même battus. Le nombre de fonctionnaires et d'employés dans les écoles n'était rien de moins que criminel. Dans une école, par exemple, il y en avait 138 pour 125 enfants. Dans un autre, 40 à 25 enfants. Tous ces parasites enlevaient le pain de la bouche même des malheureux enfants.

Les Zorin m'avaient parlé à plusieurs reprises de Lillina, la responsable du département d'éducation de Petrograd. C'était une travailleuse formidable, disaient-ils, dévouée et compétente. Je l'avais entendue parler à plusieurs reprises, mais je n'avais pas été impressionné : elle avait l'air guindée et satisfaite d'elle-même, une écolière puritaine typique. Mais je ne me ferais pas d'opinion avant d'avoir parlé avec elle. Lors de la publication des révélations de l'école, j'ai décidé de voir Lillina. Nous avons discuté pendant une heure des écoles dont elle avait la charge, de l'éducation en général, du problème des enfants déficients et de leur traitement. Elle dénonce les abus dans ses écoles, affirmant que « les jeunes camarades avaient exagéré les défauts ». De toute façon, a-t-elle ajouté, les coupables avaient déjà été retirés des écoles.

Comme beaucoup d'autres communistes responsables, Lillina se consacrait à son travail et y consacrait tout son temps et son énergie. Naturellement, elle ne pouvait pas tout superviser personnellement ; les écoles de spectacle étant les plus importantes à ses yeux, elle y consacrait la majeure partie de son temps. Les autres écoles étaient confiées à ses nombreux assistants, dont l'aptitude au travail était largement jugée en fonction de leur utilité politique. Notre entretien a renforcé ma conviction que je ne pouvais pas participer aux travaux du Conseil bolchevique de l'éducation.

Le Conseil de Santé n'offrait que peu d'opportunités pour un service réel – un service qui ne devrait pas faire de discrimination en faveur des hôpitaux de démonstration ou des opinions politiques des patients. Ce principe de discrimination prévalait malheureusement même dans les chambres de malades. Comme toutes les institutions communistes, le Conseil de la Santé était dirigé par un commissaire politique, le docteur Pervoukhin. Il tenait à obtenir mon aide et me proposa de me confier la responsabilité des soins infirmiers d'une usine, d'un dispensaire ou d'un district : offre très flatteuse et tentante, et qui me plaisait beaucoup. J'ai eu plusieurs conférences avec le docteur Pervukhin, mais elles n'ont abouti à aucun résultat pratique.

Chaque fois que je visitais son département, j'y trouvais des groupes d'hommes et de femmes qui attendaient, attendant sans fin. C'étaient des médecins et des infirmières, membres de l' *intelligentsia* – aucun d'entre eux n'était communiste – qui travaillaient dans diverses branches médicales, mais leur temps et leur énergie étaient gaspillés dans les salles d'attente du docteur Pervoukhin, le commissaire politique. C'étaient des gens désolés, découragés et abattus, ces hommes et ces femmes, autrefois la fleur de la Russie. Allais-je me joindre à ce cortège tragique, subir le joug politique ? Ce n'est que lorsque je serais convaincu que le joug est indispensable au processus révolutionnaire que je l'accepterai. Je sentais que je devais d'abord trouver un travail à caractère non partisan, un travail qui me permettrait d'étudier les conditions en Russie et d'entrer en contact direct avec le peuple, les ouvriers et les paysans. Ce n'est qu'alors que je pourrai sortir du chaos du doute et de l'angoisse mentale dont j'étais la proie.

CHAPITRE XIII
REJOINDRE LE MUSÉE DE LA RÉVOLUTION

Le Musée de la Révolution est installé dans le Palais d'Hiver, dans la suite qui servait autrefois de crèche aux enfants du Tsar. L'entrée de cette partie du palais est connue sous le nom de *detsky podyezd* . Depuis les fenêtres du palais, le tsar a dû souvent regarder, de l'autre côté de la Neva, la forteresse Pierre et Paul, tombeau vivant de ses ennemis politiques. Comme les choses étaient différentes maintenant ! Cette pensée a enflammé mon imagination. J'étais plein d'émerveillement et de magie du grand changement lorsque j'ai effectué ma première visite au Musée.

Je trouvai des groupes d'hommes et de femmes au travail dans les différentes pièces, blottis dans leurs pagnes et grelottant de froid. Leurs visages étaient gonflés et bleuâtres, leurs mains gelées, leur aspect tout entier ressemblait à une ombre. Quel doit être le dévouement de ces gens, pensai-je, quand ils peuvent continuer à travailler dans de telles conditions. Le secrétaire du Musée, MB Kaplan, m'a reçu très cordialement et m'a exprimé "l'espoir que je me joindrais au travail du Musée". Lui et un autre membre du personnel ont passé beaucoup de temps avec moi à plusieurs reprises, m'expliquant les plans et les objectifs du Musée. Ils me demandèrent de participer à l'expédition que le Musée organisait alors et qui devait se rendre vers le sud, en Ukraine et dans le Caucase. Des documents précieux de la période révolutionnaire devaient y être rassemblés, expliquèrent-ils. L'idée m'a séduit. Outre mon intérêt général pour le Musée et ses efforts, cela signifiait un travail non partisan, sans commissaires, et une opportunité exceptionnelle de voir et d'étudier la Russie.

Au cours de notre connaissance, j'ai appris que ni M. Kaplan ni son ami n'étaient communistes. Mais tandis que M. Kaplan était fortement pro-bolchevique et essayait de tout défendre et d'expliquer tout, l'autre homme était critique mais en aucun cas antagoniste. Pendant mon séjour à Petrograd, j'ai beaucoup vu les deux hommes et j'ai beaucoup appris d'eux sur la Révolution et les méthodes des bolcheviks. L'ami de Kaplan, dont je ne peux citer le nom pour des raisons évidentes, parlait souvent de l'impossibilité totale de faire un travail créatif au sein de la machine communiste. "Les bolcheviks", disait-il, "se plaignent toujours du manque d'aide compétente, et pourtant personne, à moins d'être communiste, n'a beaucoup de chance." Le Musée était l'une des institutions les moins perturbées et les travaux y progressaient bien. Ensuite, un groupe de vingt jeunes fut envoyé, des jeunes garçons inexpérimentés et peu familiers avec le travail. Étant communistes, ils ont été placés dans des positions d'autorité, ce qui a entraîné des frictions et de la confusion. Chacun se sentait surveillé et espionné. « Les bolcheviks ne se soucient pas du mérite », dit-il ; "leur principale préoccupation est une carte de membre." Il n'était pas enthousiasmé par l'avenir du Musée, mais il croyait que la coopération des « Américains » contribuerait à son bon développement.

Finalement, j'ai choisi le Musée comme étant celui qui me convenait le mieux, principalement parce que cette institution était non partisane. J'avais espéré jouer un rôle plus vital dans la vie de la Russie que la collecte de documents historiques ; je considérais néanmoins qu'il s'agissait d'un travail précieux et nécessaire. Lorsque j'eus définitivement consenti à faire partie de l'expédition, je visitais quotidiennement le Musée pour aider aux préparatifs du long voyage. Il y avait beaucoup de travail. Ce n'était pas une tâche facile d'obtenir une voiture, de l'équiper pour ce voyage pénible et d'obtenir les documents qui nous donneraient accès au matériel que nous avions décidé de collecter.

Pendant que j'étais occupé à contribuer à ces préparatifs, Angelica Balabanova est arrivée à Petrograd pour rencontrer la mission italienne. Elle semblait transformée. Elle avait très envie de retrouver ses camarades italiens : ils lui apporteraient un souffle de son Italie bien-aimée, de sa vie et de son travail antérieurs. Bien que russe de naissance, de formation et de traditions révolutionnaires, Angélique était enracinée dans le sol italien. Eh bien, je l'ai comprise, elle et son sentiment d'étrangeté dans ce pays dont le sol dur devait porter une vie nouvelle et radieuse. Angelica ne voulait même pas admettre que la vie tant espérée était mort-née. Mais la connaissant comme je la connaissais, il ne m'était pas difficile de comprendre à quel point sa douleur était amère à cause de la chose malheureuse et informe qui était arrivée en Russie. Mais maintenant, ses Italiens bien-aimés arrivaient ! Ils apporteraient avec eux la chaleur et les couleurs de l'Italie.

Les Italiens sont arrivés et avec eux de nouvelles festivités, manifestations, réunions et discours. Comme tout cela me paraissait différent de mes mémorables premiers jours à Belo-Ostrov. Il ne fait aucun doute que les Italiens se sentaient maintenant aussi impressionnés que moi à l'époque, inspirés par l'apparente merveille de la Russie. Six mois et la proximité avec la réalité des choses ont complètement changé la donne pour moi. La spontanéité, l'enthousiasme, la vitalité en avaient disparu. Seule restait une ombre pâle, un fantôme souriant qui serrait mon cœur.

Sur la place Uritski, les masses étaient fatiguées par une longue attente. Ils y étaient restés des heures avant l'arrivée de la mission italienne en provenance du palais de Tauride. Les cérémonies commençaient à peine lorsqu'une femme appuyée contre l'estrade, blême et pâle, se mit à pleurer. Je me tenais à proximité. "C'est facile pour eux de parler", gémit-elle, "mais nous n'avons pas eu de nourriture de la journée. Nous avons reçu l'ordre de marcher directement de notre travail sous peine de perdre nos rations de pain. Depuis cinq heures du matin, je suis debout. . Nous n'avions pas le droit de rentrer chez nous après le travail pour notre petit dîner. Nous avons dû venir ici dix-sept heures avec un morceau de pain et du *kipyatok* [eau bouillie]. Les discours continuaient, l'Internationale se répétait pour la dixième fois, les matelots faisaient leurs exercices fantaisistes et les claqueurs de la tribune criaient des hourras. Je me suis précipité. Moi aussi, je pleurais, même si mes yeux restaient secs.

La mission italienne, comme la mission anglaise, était cantonnée au palais Narishkin. Un jour, alors que je rendais visite à Angélique, je la trouvai dans un état d'esprit perturbé. Par l'intermédiaire d'un des domestiques, elle avait appris que l'ex-princesse Narishkin, ancienne propriétaire du palais, était venue mendier l'icône en argent qui appartenait à la famille depuis des générations. "Juste cette icône", avait-elle imploré. Mais l'icône était désormais propriété de l'État et Balabanova ne pouvait rien y faire. " Pensez-y, " dit Angélique, " Narishkin, vieux et désolé, se tient maintenant au coin de la rue en train de mendier, et je vis dans ce palais. Comme la vie est horrible ! Je ne suis pas bon pour ça ; je dois m'enfuir. "

Mais Angelica était soumise à la discipline de parti ; elle resta au palais jusqu'à son retour à Moscou. Je sais qu'elle ne se sentait pas beaucoup plus heureuse que l'ex-princesse en haillons et affamée qui mendiait au coin de la rue.

Balabanova, soucieux que je trouve un travail convenable, m'informa un jour que Petrovsky, connu en Amérique sous le nom de docteur Goldfarb, était arrivé à Petrograd. Il était chef du Département central de l'enseignement militaire, qui comprenait les écoles de formation d'infirmières. Je n'avais jamais rencontré cet homme aux États-Unis, mais j'avais entendu parler de lui en tant que rédacteur en chef du New York *Forward*, le quotidien socialiste juif. Il m'a proposé le poste d'instructrice principale à l'École militaire d'infirmières, en vue d'y introduire les méthodes américaines de soins infirmiers, ou de m'envoyer avec un train médical sur le front polonais. J'avais proposé mes services dès la première nouvelle de l'attaque polonaise contre la Russie : je sentais la Révolution en danger et je me précipitais vers Zorine pour demander à être affectée comme infirmière. Il a promis de porter l'affaire devant les autorités compétentes, mais je n'en ai plus entendu parler. J'ai donc été quelque peu surprise par la proposition de Petrovsky. Mais c'est arrivé trop tard. Ce que j'avais appris depuis sur la situation en Ukraine, les méthodes bolcheviques envers Makhno et le mouvement *povstantsi* , la persécution des anarchistes et les activités de la Tcheka, avaient complètement ébranlé ma foi dans les bolcheviks en tant que révolutionnaires. L'offre est arrivée trop tard. Mais Moscou a peut-être jugé imprudent de me laisser voir les coulisses du front ; Petrovsky ne m'a pas informé de la décision de Moscou. Je me sentais soulagé.

Enfin, nous avons reçu la bonne nouvelle que la plus grande difficulté avait été surmontée : une voiture pour l'expédition du musée avait été trouvée. Il se composait de six compartiments et avait été récemment repeint et nettoyé. Maintenant commença le travail de l'équipement. Normalement, cela aurait pris encore deux mois, mais nous avons eu la coopération du responsable du musée, le président Yatmanov, un communiste. Il était également responsable de toutes les propriétés du Palais d'Hiver où se trouve le Musée. La plus grande partie du linge, de l'argenterie et de la verrerie des réserves du tsar avait été enlevée, mais il en restait encore beaucoup. Muni d'un ordre du président, on me fit visiter ce qui était autrefois gardé comme enceinte sacrée par les larbins des Romanov. J'ai trouvé des pièces remplies jusqu'au plafond de porcelaines rares et magnifiques et des compartiments remplis du linge le plus fin. Le sous-sol, qui s'étendait sur toute la longueur du Palais d'Hiver, était rempli d'ustensiles de cuisine de toutes tailles et variétés. Des assiettes et des pots en fer blanc auraient été plus appropriés pour l'expédition, mais en raison de la règle selon laquelle aucune institution ne peut faire appel à une autre pour tout ce qu'elle possède en sa propre possession, il n'y avait rien d'autre à faire que de choisir le plus simple disponible au Palais d'Hiver. Je suis rentré chez moi en réfléchissant à l'étrangeté de la vie : des révolutionnaires mangeant du service huppé des Romanov. Mais je n'en ressentais aucune joie.

CHAPITRE XIV

PETROPAVLOVSK ET SCHLÜSSELBURG

Comme il nous fallait du temps avant de pouvoir partir, j'ai profité de l'occasion qui se présentait pour visiter les prisons historiques, la forteresse Pierre et Paul et Schlüsselburg. Je me souvenais de l'effroi et de la crainte que les noms mêmes de ces lieux m'avaient remplis lorsque je suis arrivé pour la première fois à Petrograd, alors que j'avais treize ans. En fait, ma crainte de la forteresse de Petropavlovsk remontait à une époque bien plus ancienne. Je pense que je devais avoir six ans lorsqu'un grand choc a frappé notre famille : nous avons appris que le frère aîné de ma mère, Egor, étudiant à l'Université de Pétersbourg, avait été arrêté et détenu dans la forteresse. Ma mère partit aussitôt pour la capitale. Nous, les enfants, restions à la maison dans la crainte et l'appréhension que notre mère ne retrouve pas notre oncle parmi les vivants. Nous avons passé des semaines et des mois anxieux jusqu'à ce que maman revienne enfin. Grande a été notre joie d'apprendre qu'elle avait sauvé son frère des morts-vivants. Mais le souvenir du choc est resté longtemps en moi.

Sept ans plus tard, alors que ma famille vivait alors à Pétersbourg, j'ai été envoyé faire une course qui m'a fait passer devant la forteresse Pierre et Paul. Le choc que j'avais reçu plusieurs années auparavant s'est réveillé en moi avec une force paralysante. Là se dressait la lourde masse de pierre, sombre et sinistre. J'étais terrifié. La grande prison était encore pour moi une maison hantée, faisant palpiter mon cœur de peur chaque fois que je devais la franchir. Des années plus tard, lorsque j'ai commencé à tirer ma subsistance de la vie et de l'héroïsme des grands révolutionnaires russes, la forteresse Pierre et Paul est devenue encore plus odieuse. Et maintenant j'étais sur le point de pénétrer dans ses murs mystérieux et de voir de mes propres yeux le lieu qui avait été la tombe vivante de tant des meilleurs fils et filles de Russie.

Le guide chargé de nous faire découvrir les différents ravelins était en prison depuis dix ans. Il connaissait chaque pierre de l'endroit. Mais le silence m'en dit plus que toutes les informations du guide. Les martyrs qui avaient battu leurs ailes contre la pierre froide, s'élevant vers la lumière et l'air, ont pris vie pour moi. Les Dekabristi, Tchernishevsky, Dostoïevski, Bakounine, Kropotkine et de nombreux autres ont parlé à mille voix de leur idéalisme social et de leurs souffrances personnelles, de leurs grands espoirs et de leur foi fervente dans la libération ultime de la Russie. Désormais, les esprits flottants des morts héroïques peuvent reposer en paix : leur rêve est devenu réalité. Mais quelle est cette étrange écriture sur le mur ? "Ce soir, je dois être fusillé parce que j'avais acquis une éducation." J'avais presque perdu conscience de la réalité. L'inscription m'y a réveillé. "Qu'est-ce que c'est?" J'ai demandé au gardien. "Ce sont les derniers mots d'un *intelligent* ", a-t-il répondu. "Après la Révolution d'Octobre, l' *intelligentsia* a rempli cette prison. De là, ils ont été emmenés et fusillés, ou bien chargés sur des barges pour ne jamais revenir. Ce furent des jours terribles et des nuits encore plus terribles." Ainsi, le rêve de ceux qui avaient donné leur vie pour la libération de la Russie ne s'était finalement pas réalisé. Y a-t-il un changement dans le monde ? Ou s'agit-il d'une éternelle récurrence de l'inhumanité de l'homme envers l'homme ?

Nous atteignîmes la bande d'enclos où les prisonniers avaient droit à une demi-heure de récréation. Un à un, ils durent arpenter l'étroite ruelle dans un silence de mort, avec les sentinelles accrochées au mur prêtes à tirer à la moindre infraction aux règles. Et tandis que ceux qui étaient en cage et enchaînés parcouraient l'allée sans arbres, les tout-puissants Romanov regardaient depuis le Palais d'Hiver vers la flèche dorée surmontant la forteresse pour se rassurer que leurs ennemis détestés ne menaceraient plus jamais leur sécurité. Mais même Petropavlovsk ne put sauver les tsars de la main meurtrière du Temps et de la Révolution. En effet, il y *a du* changement ; lent et douloureux, mais ça arrive.

Dans l'enceinte nous avons rencontré Angelica Balabanova et les Italiens. Nous parcourions l'immense prison, chacun absorbé dans ses propres pensées mises en mouvement par ce qu'il voyait. Angelica remarquerait-elle l'écriture sur le mur, me demandai-je. "Ce soir, je dois être fusillé parce que j'avais acquis une éducation."

Quelque temps plus tard, plusieurs membres de notre groupe firent un voyage à Schlüsselburg, le tombeau encore plus terrible des ennemis politiques du tsarisme. Il s'agit d'un voyage de plusieurs heures en bateau sur la magnifique rivière Neva. La journée était froide et grise, tout comme notre humeur ; juste le bon état d'esprit pour visiter Schlüsselburg. La forteresse était fortement gardée, mais notre permis de musée nous garantissait une entrée immédiate. Schlüsselburg est une masse compacte de pierre perchée sur un haut rocher en pleine mer. Pendant de nombreuses décennies, seules les victimes des intrigues de la cour et de la disgrâce royale furent enfermées dans ses murs impénétrables, mais elle devint plus tard le Golgotha des ennemis politiques du régime tsariste.

J'avais entendu parler de Schlüsselburg lorsque mes parents sont arrivés pour la première fois à Pétersbourg ; mais contrairement à mes sentiments à l'égard de la forteresse Pierre-et-Paul, je n'ai eu aucune réaction personnelle à l'égard de cet endroit. C'est la littérature révolutionnaire russe qui m'a fait comprendre le sens de Schlüsselburg. L'histoire de Volkenstein, l'une des deux femmes qui ont passé de longues années dans ce lieu tant redouté, a laissé dans mon esprit une impression indélébile. Pourtant, rien de ce que j'avais lu ne rendait l'endroit aussi réel et terrifiant que lorsque je gravissais les marches de pierre et me tenais devant les portes interdites. En ce qui concerne l'effet sur l'état physique de la forteresse Pierre et Paul, la Révolution n'aurait peut-être jamais eu lieu. La prison est restée intacte, prête à être utilisée immédiatement par le nouveau régime. Ce n'est pas le cas de Schlüsselburg. La colère du prolétariat frappa presque jusqu'au sol cette maison des morts.

Combien cruel et pervers l'esprit humain qui a pu créer un Schlüsselburg ! En vérité, aucun sauvage ne pourrait être coupable de l'esprit diabolique qui a conçu cet épouvantable tombeau. Des cellules construites comme un sac, sans portes ni fenêtres et avec seulement une petite ouverture par laquelle les victimes étaient descendues dans leur tombe vivante. D'autres cellules étaient des cages de pierre destinées à conduire l'esprit à la folie et à lacérer le cœur des malheureux. Pourtant, des hommes et des femmes ont enduré vingt ans dans cet endroit terrible. Quelle force d'endurance, quelle foi sublime il a fallu tenir pour en sortir vivant ! Ici Netchaev, Lopatin, Morossov, Volkenstein, Figner et d'autres de la splendide bande ont passé leur vie torturée. Voici la tombe commune d'Oulianov, Mishkin, Kalayev, Balmashev et bien d'autres. La tablette noire sur laquelle sont inscrits leurs noms parle plus fort que les voix silencieuses à jamais. Même les vagues rugissantes qui se fracassent contre le rocher de Schlüsselburg ne peuvent pas étouffer cette voix accusatrice.

Petropavlovsk et Schlüsselburg sont la preuve vivante de la vanité de l'espoir des puissants d'échapper aux Frankenstein qu'ils ont eux-mêmes créés.

CHAPITRE XV
LES SYNDICATS

Nous étions au mois de juin et l'heure de notre départ approchait. Petrograd paraissait plus belle que jamais ; les nuits blanches étaient venues – presque le plein jour sans son éclat, les mystérieuses et apaisantes nuits blanches de Petrograd. Des rumeurs faisaient état d'un danger contre-révolutionnaire et la ville était protégée contre les attaques. La loi martiale étant en vigueur, il était interdit de sortir dans la rue après 1 heure du matin , même s'il faisait presque jour. Parfois, des permis spéciaux étaient obtenus par des amis, puis nous nous promenions dans les rues désertes ou le long des rives de la sombre Neva, discutant à voix basse de la situation déroutante. J'ai cherché quelque élément marquant dans l'image floue – la Révolution russe, une immense flamme jaillissant à travers le monde illuminant l'horizon noir des déshérités et des opprimés – la Révolution, le nouvel espoir, le grand réveil spirituel. Et j'étais là au milieu de tout cela, et pourtant nulle part je ne pouvais voir la promesse et l'accomplissement de ce grand événement. Avais-je mal compris le sens et la nature de la révolution ? Peut-être que le mal et le mal que j'ai vus au cours de ces cinq mois étaient inséparables d'une révolution. Ou bien était-ce la machine politique créée par les bolcheviks – est-ce la force qui écrase la Révolution ? Si j'avais assisté à la naissance de ce dernier, je serais désormais en mesure de mieux en juger. Mais apparemment, je suis arrivé à la fin, à la fin angoissante d'un peuple. Tout cela est si complexe, si impénétrable, un *tupik*, une impasse, comme disent les Russes. Seuls le temps et une étude sérieuse, aidés par une compréhension sympathique, me montreront la voie à suivre. En attendant, je dois garder mon courage et m'éloigner de Petrograd, parmi le peuple.

Bientôt, le moment tant attendu arriva. Le 30 juin 1920, notre voiture fut attelée à un train lent appelé « Maxim Gorki » et nous quittions la gare Nikolaïevski en direction de Moscou.

A Moscou, il y avait de nombreuses formalités à accomplir. Nous pensions que quelques jours suffiraient, mais nous sommes restés deux semaines. Cependant, notre séjour a été intéressant. La ville était pleine de délégués au Deuxième Congrès de la Troisième Internationale ; de toutes les parties du monde, les ouvriers avaient envoyé leurs camarades vers la terre promise, la Russie révolutionnaire, la première république des travailleurs. Parmi les délégués se trouvaient également des anarchistes et des syndicalistes qui croyaient aussi fermement que moi six mois auparavant que les bolcheviks étaient le symbole de la Révolution. Ils ont répondu avec enthousiasme à l'appel de Moscou. J'en avais rencontré certains à Petrograd et maintenant ils étaient impatients de connaître mes expériences et de connaître mes opinions. Mais que devais-je leur dire, et me croiraient-ils si je le faisais ?

Aurais-je cru à des critiques négatives avant de venir en Russie ? En outre, je sentais que mes opinions sur les bolcheviks étaient encore trop informelles, trop vagues, un conglomérat de simples impressions. Mes anciennes valeurs ont été brisées et jusqu'à présent, je n'ai pas pu les remplacer. Je ne pouvais donc pas parler des questions fondamentales, mais j'ai informé mes amis que les prisons de Moscou et de Petrograd étaient remplies d'anarchistes et d'autres révolutionnaires, et je leur ai conseillé de ne pas se contenter des explications officielles mais d'enquêter par eux-mêmes. Je les ai prévenus qu'ils seraient entourés de guides et d'interprètes, pour la plupart des hommes de la Tchéka, et qu'ils ne pourraient connaître les faits s'ils ne faisaient pas un effort déterminé et indépendant.

À cette époque, l'agitation régnait à Moscou. Le syndicat des imprimeurs avait été supprimé et l'ensemble de son comité directeur envoyé en prison. Le syndicat avait convoqué une réunion publique à laquelle les membres de la mission ouvrière britannique étaient invités. C'est là que le célèbre socialiste-révolutionnaire Tchernov avait fait son apparition de manière inattendue. Il a sévèrement critiqué le régime bolchevique, a été ovationné par le grand public ouvrier, puis a disparu aussi mystérieusement qu'il était venu. Le menchevik Dan eut moins de succès. Il prit également la parole, mais ne parvint pas à s'enfuir : il atterrit dans la Tcheka. Le lendemain matin, la *Pravda* et les *Izvestia de Moscou* dénoncèrent l'action du Syndicat des imprimeurs comme contre-révolutionnaire et s'énervèrent contre le fait que Tchernov ait été autorisé à parler. Les journaux réclamaient une punition exemplaire pour les imprimeurs qui osaient défier le gouvernement soviétique.

Le Syndicat des Boulangers, organisation très militante, a également été supprimé et sa direction remplacée par des communistes. Quelques mois auparavant, en mars, j'avais assisté à un congrès de boulangers. Les délégués m'ont impressionné comme un groupe courageux qui n'avait pas peur de critiquer le régime bolchevique et de présenter les revendications des travailleurs. Je me demandais alors s'ils étaient autorisés à poursuivre la conférence, car ils s'opposaient ouvertement aux communistes. « Les boulangers sont des « Shkurniki » [écorcheurs] », m'a-t-on dit ; "ils incitent toujours aux grèves, et seuls les contre-révolutionnaires peuvent vouloir faire grève dans la République ouvrière." Mais il me semblait que les ouvriers ne pouvaient pas suivre un tel raisonnement. Ils ont fait grève. Ils ont même commis un crime plus odieux : ils ont refusé de voter pour le candidat communiste, élisant à la place un homme de leur choix. Cette action des boulangers fut suivie de l'arrestation de plusieurs de leurs membres les plus actifs. Naturellement, les travailleurs étaient mécontents des méthodes arbitraires du gouvernement.

Plus tard, j'ai rencontré quelques boulangers et je les ai trouvés très aigris contre le Parti communiste et le gouvernement. Je m'enquis de la situation de leur syndicat, leur disant que j'avais été informé que les syndicats russes étaient très puissants et contrôlaient pratiquement la vie industrielle du pays. Les boulangers ont ri. « Les syndicats sont les laquais du gouvernement », disaient-ils ; "ils n'ont aucune fonction indépendante et les travailleurs n'ont pas leur mot à dire. Les syndicats ne font qu'un simple devoir de police pour le gouvernement." Cela semblait très différent de l'histoire racontée par Melnichansky, le président du Soviet des syndicats de Moscou, que j'avais rencontré lors de ma première visite à Moscou.

A cette occasion, il m'avait fait visiter le siège du syndicat connu sous le nom de *Dom Soyoussov* et m'avait expliqué comment fonctionnait l'organisation. Sept millions de travailleurs étaient syndiqués, a-t-il déclaré ; tous les métiers et professions lui appartenaient. Les travailleurs eux-mêmes géraient les industries et en étaient propriétaires. "Le bâtiment dans lequel vous vous trouvez actuellement appartient également aux syndicats", a-t-il remarqué avec fierté ; "autrefois c'était la Maison de la Noblesse." La pièce dans laquelle nous nous trouvions avait été utilisée pour des assemblées festives et les grands nobles étaient assis sur des chaises à crête autour de la table centrale. Melnichansky m'a montré le passage souterrain secret, caché par une petite plaque tournante, par lequel les nobles pouvaient s'échapper en cas de danger. Ils n'auraient jamais imaginé qu'un jour les ouvriers se réuniraient autour de la même table et s'asseoiraient dans la belle salle aux colonnes de marbre. Le travail éducatif et culturel réalisé par les syndicats, a expliqué le président, est de la plus grande envergure. "Nous avons nos collèges ouvriers et d'autres institutions culturelles qui donnent des cours et des conférences sur divers sujets. Ils sont tous gérés par les ouvriers. Les syndicats possèdent leurs propres moyens de récréation et nous avons accès à tous les théâtres." Il ressort clairement de son explication que les syndicats russes ont atteint un point bien au-delà de tout ce que connaissent les organisations syndicales d'Europe et d'Amérique.

J'avais entendu un récit similaire de la part de Tsiperovitch, président des syndicats de Petrograd, avec qui j'avais fait mon premier voyage à Moscou. Il m'avait également fait visiter le Temple du travail de Petrograd, un bâtiment magnifique et spacieux où les syndicats de Petrograd avaient leurs bureaux. Son récit montrait également clairement que les travailleurs de Russie avaient enfin pris leur place.

Mais petit à petit, j'ai commencé à voir l'envers de la médaille. J'ai découvert que, comme la plupart des choses en Russie, le tableau syndical avait une double facette : l'une exposée devant les visiteurs étrangers et les « enquêteurs », l'autre connue des masses. Les boulangers et les imprimeurs ont récemment découvert l'autre côté. C'était une leçon des avantages dont ont bénéficié les syndicats de la République socialiste.

En mars, j'avais assisté à une réunion électorale organisée par les ouvriers d'une des grandes usines de Moscou. C'était le rassemblement le plus passionnant auquel j'aie jamais assisté en Russie : la salle faiblement éclairée des salles du club de l'usine, les visages des hommes et des femmes usés par les privations et la souffrance, le sentiment intense du mal qui leur a été fait, tout cela m'a très fortement impressionné. Leur représentant choisi , un anarchiste, s'était vu refuser son mandat par les autorités soviétiques. C'était la troisième fois que les ouvriers se réunissaient pour réélire leur délégué au soviet de Moscou, et chaque fois ils élisaient le même homme. Le candidat communiste qui s'opposait à lui était Semashko, le commissaire du ministère de la Santé. Je m'attendais à trouver un homme instruit et cultivé. Mais le comportement et le langage du commissaire lors de cette réunion électorale auraient fait honte à un transporteur. Il s'insurgeait contre les ouvriers qui avaient choisi un non-communiste, leur jetait l'anathème sur la tête et les menaçait de la Tcheka et de la réduction de leurs rations. Mais il n'eut d'autre effet sur l'auditoire que de souligner son opposition à lui et de susciter de l'antagonisme contre le parti qu'il représentait. Mais la victoire finale revient à Semashko. Le choix des travailleurs a été répudié par les autorités et plus tard même arrêté et emprisonné. C'était en mars. En mai, lors de la visite de la mission travailliste britannique, le candidat de l'usine et d'autres prisonniers politiques ont entamé une grève de la faim, qui a abouti à leur libération.

L'histoire que m'ont racontée les boulangers de leurs expériences électorales avait la qualité de notre propre Far West à l'époque des pionniers. Les tchékistes, l'arme chargée, avaient l'habitude d'assister aux réunions des syndicats et ils expliquaient clairement ce qui se passerait si les ouvriers ne parvenaient pas à élire un communiste. Mais les boulangers, organisation forte et militante, ne se laisseront pas intimider. Ils déclarèrent qu'il n'y aurait pas de pain cuit à Moscou s'ils n'étaient pas autorisés à élire leur propre candidat. Cela a eu l'effet escompté. Après la réunion, les Tchékistes ont tenté d'arrêter le candidat élu, mais les boulangers l'ont encerclé et l'ont ramené sain et sauf chez lui. Le lendemain, ils adressent leur ultimatum aux autorités, exigeant la reconnaissance de leur choix et menaçant de faire grève en cas de refus. Ainsi les boulangers triomphèrent et prirent l'avantage sur leurs frères moins courageux dans les autres organisations ouvrières d'importance mineure. Dans une Russie affamée, le travail des boulangers était aussi vital que la vie elle-même.

CHAPITRE XVI
MARIE SPIRIDONOVA

Le Commissariat à l'Éducation comprenait également le Département des musées. Le Musée de la Révolution de Petrograd avait deux présidents ; Lounatcharski étant l'un d'entre eux, il fallut faire apposer sa signature sur nos lettres de créance, déjà signées par Zinoviev, le deuxième président du Musée. J'ai été chargé de voir Lounatcharski.

Je me sentais plutôt coupable devant lui. J'ai quitté Moscou en mars en promettant de revenir dans une semaine pour le rejoindre dans son travail. Or, quatre mois plus tard, je suis venu lui demander sa coopération dans un tout autre domaine. Je suis allé au Kremlin, déterminé à dire à Lounatcharski ce que je pensais de la situation en Russie. Mais j'ai été soulagé de cette nécessité par la présence d'un certain nombre de personnes dans son bureau ; nous n'avions pas le temps d'aborder cette question. Je pouvais simplement informer Lounatcharski du but de l'expédition et lui demander son aide dans les travaux. Cela a rencontré son approbation. Il a signé nos lettres de créance et m'a également fourni des lettres d'introduction et de recommandation pour faciliter nos efforts au nom du Musée.

Pendant que notre Commission effectuait les préparatifs nécessaires pour le voyage en Ukraine, j'ai trouvé le temps de visiter diverses institutions à Moscou et de rencontrer des personnes intéressantes. Parmi eux se trouvaient certains socialistes-révolutionnaires de gauche bien connus que j'avais rencontrés lors de ma précédente visite. Je leur avais alors dit que j'avais hâte de rendre visite à Maria Spiridonova, sur l'état de laquelle j'avais entendu de nombreuses histoires contradictoires. Mais à cette époque, aucune rencontre n'avait pu être organisée : cela aurait pu exposer Spiridonova à un danger, car elle vivait illégalement, comme paysanne. L'histoire se répète en effet. Sous le tsar Spiridonova, également déguisée en fille de la campagne, avait suivi Lukhanovsky, le gouverneur de Tamboy, célèbre pour la flagellation des paysans. Après lui avoir tiré dessus, elle a été arrêtée, torturée puis condamnée à mort. Le monde occidental s'est inquiété et c'est grâce à ses protestations que la condamnation de Spiridonova a été transformée en exil à perpétuité en Sibérie. Elle y passa onze ans ; la Révolution de Février lui a apporté la liberté et son retour en Russie. Maria Spiridonova s'est immédiatement lancée dans l'activité révolutionnaire. Aujourd'hui, en République socialiste, Maria vit à nouveau déguisée après s'être évadée de la prison du Kremlin.

Des dispositions furent finalement prises pour me permettre de rendre visite à Spiridonova et on me conseilla de ne pas être suivi par des hommes Tcheka. Nous nous sommes mis d'accord avec les amis de Maria sur un lieu de rendez-vous et de là nous avons zigzagé dans plusieurs rues jusqu'à atteindre enfin le dernier étage d'une maison au fond d'une cour. J'ai été conduit dans une petite pièce contenant un lit, un petit bureau, une bibliothèque et plusieurs chaises. Devant le bureau, rempli de lettres et de papiers, était assise une petite femme frêle, Maria Spiridonova. C'était donc l'une des grandes martyres de la Russie, cette femme qui avait enduré sans broncher les tortures que lui infligeaient les sbires du tsar. Zorin et Jack Reed m'avaient dit que Spiridonova avait souffert d'une dépression nerveuse et qu'elle était gardée dans un sanatorium. Sa maladie, disaient-ils, était une neurasthénie aiguë et une hystérie. Lorsque je me suis retrouvé face à Maria, j'ai immédiatement réalisé que les deux hommes m'avaient trompé. Zorin ne m'étonnait plus : une grande partie de ce qu'il m'avait dit, je découvrais peu à peu qu'elle était totalement fausse. Quant à Reed, peu familier avec la langue et complètement sous l'emprise de la nouvelle foi, il tenait trop de choses pour acquises. Ainsi, à son retour de Moscou, il est venu m'informer que l'histoire de l'exécution *massive de prisonniers* à la veille de l'abolition de la peine capitale était bien vraie ; mais, m'assura-t-il, tout cela était la faute d'un certain fonctionnaire de la Tchéka qui l'avait déjà payé de sa vie. J'ai eu l'occasion d'enquêter sur la question. J'ai découvert que Jack avait encore été induit en erreur. Ce n'est pas qu'un certain homme soit responsable du massacre à cette occasion. L'acte était conditionné par tout le système et le caractère de la Tcheka.

J'ai passé deux jours avec Maria Spiridonova, écoutant son récit des événements survenus depuis octobre 1917. Elle a longuement parlé de l'enthousiasme et du zèle des masses et des espoirs des bolcheviks ; de leur ascendance au pouvoir et de leur virage progressif vers la droite. Elle a expliqué la paix de Brest-Litovsk qu'elle considère comme le premier maillon de la chaîne qui enchaîne depuis lors la Révolution. Elle a insisté sur la *razverstka* , le système de réquisition forcée, qui dévastait la Russie et discréditait tout ce pour quoi la Révolution avait été combattue ; elle a évoqué le terrorisme pratiqué par les bolcheviks contre toute critique révolutionnaire, la nouvelle bureaucratie communiste et son inefficacité, ainsi que le désespoir de la situation dans son ensemble. C'était un réquisitoire écrasant contre les bolcheviks, leurs théories et leurs méthodes.

Si Spiridonova avait réellement fait une dépression nerveuse, comme on me l'avait assuré, et qu'elle était hystérique et mentalement déséquilibrée, elle devait avoir un contrôle extraordinaire sur elle-même. Elle était calme, autonome et claire sur tous les points. Elle maîtrisait parfaitement son matériel et ses informations. À plusieurs reprises au cours de son récit, lorsqu'elle décelait un doute sur mon visage, elle remarquait : « Je crains que vous ne me croyiez pas vraiment. Eh bien, voici ce que m'écrivent certains paysans », et elle tendait la main vers une pile. de lettres sur son bureau et me lisait des passages déchirants de misère et amers contre les bolcheviks. Avec une écriture guindée, parfois presque illisible, les paysans d'Ukraine et de Sibérie ont écrit sur les horreurs de la *razverstka* et sur ce qu'elle avait fait à eux et à leurs terres. "Ils ont tout emporté, même les dernières graines pour les prochaines semailles." "Les commissaires nous ont tout volé." Ainsi couraient les lettres. Les paysans voulaient souvent savoir si Spiridonova était passée du côté des bolcheviks. "Si toi aussi tu nous abandonnes, *Matouchka* , nous n'avons personne vers qui nous tourner", a écrit un paysan.

L'énormité de ses accusations défiait toute crédibilité. Après tout, les bolcheviks étaient des révolutionnaires. Comment pourraient-ils être coupables des choses terribles qui leur sont reprochées ? Peut-être n'étaient-ils pas responsables de la situation telle qu'elle s'était développée ; ils avaient le monde entier contre eux. Il y a eu par exemple la paix de Brest. Lorsque la nouvelle parvint aux États-Unis, j'étais en prison. J'ai longuement et soigneusement réfléchi à la question de savoir si la Russie soviétique avait le droit de négocier avec l'impérialisme allemand. Mais je ne voyais aucune issue à cette situation. J'étais favorable à la paix de Brest. Depuis que je suis arrivé en Russie, j'en ai entendu des versions contradictoires. Presque tout le monde, à l'exception des communistes, considérait l'accord de Brest autant comme une trahison de la Révolution que le rôle des socialistes allemands dans la guerre – une trahison de l'esprit internationaliste. Les communistes, en revanche, étaient unanimes pour défendre la paix et dénoncer comme contre-révolutionnaires tous ceux qui mettaient en doute la sagesse et la justification révolutionnaire de cet accord. "Nous ne pouvons rien faire d'autre", affirmaient les communistes. "L'Allemagne avait une armée puissante, alors que nous n'en avions pas. Si nous avions refusé de signer le traité de Brest, nous aurions scellé le sort de la Révolution. Nous avons réalisé que Brest signifiait un compromis, mais nous savions que les travailleurs de Russie et du reste du pays le monde comprendrait que nous y avons été contraints. Notre compromis était similaire à celui des travailleurs lorsqu'ils sont contraints d'accepter les conditions de leurs patrons après une grève infructueuse.

Mais Spiridonova n'était pas convaincue. "Il n'y a pas un mot de vrai dans l'argument avancé par les bolcheviks", a-t-elle déclaré. Il est vrai que la Russie n'avait pas d'armée disciplinée pour faire face à l'avancée allemande, mais elle avait quelque chose d'infiniment plus efficace : elle avait un peuple révolutionnaire conscient qui aurait repoussé les envahisseurs jusqu'à la dernière goutte de sang. En fait, c'est le peuple qui a freiné toutes les tentatives militaires contre-révolutionnaires contre la Russie. Qui d'autre que le peuple, les paysans et les ouvriers, a rendu impossible le maintien des armées allemande et autrichienne en Ukraine ? Qui a vaincu Dénikine et les autres généraux contre-révolutionnaires ? Qui a triomphé de Koltchak et de Youdenitch ? Lénine et Trotsky prétendent qu'il s'agissait de l'Armée rouge.

Mais la vérité historique était que les unités militaires volontaires des ouvriers et des paysans — les *povstantsi* — en Sibérie comme dans le sud de la Russie — avaient supporté le poids des combats sur tous les fronts, l'Armée rouge ne faisant généralement qu'achever les victoires de l'ancien. Trotsky voulait maintenant que le traité de Brest soit accepté, mais il avait lui-même refusé à un moment donné de signer le traité et Radek, Joffe et d'autres dirigeants communistes s'y étaient également opposés. On prétend maintenant qu'ils se sont soumis à ces conditions honteuses parce qu'ils ont réalisé à quel point ils espéraient que les ouvriers allemands empêcheraient les Junkers de marcher contre la Russie révolutionnaire. Mais ce n'était pas la vraie raison. C'est le fouet de la discipline de parti qui a forcé Trotsky et d'autres à se soumettre.

" Le problème avec les bolcheviks, continua Spiridonova, c'est qu'ils n'ont aucune confiance dans les masses. Ils se proclament parti prolétarien, mais ils refusent de faire confiance aux ouvriers. " C'est ce manque de foi, a souligné Maria, qui a poussé les communistes à s'incliner devant l'impérialisme allemand. Et quant à la Révolution elle-même, c'est précisément la paix de Brest qui lui a porté un coup fatal. Outre la trahison de la Finlande, de la Russie Blanche, de la Lettonie et de l'Ukraine, livrées à la merci des Junkers allemands par la paix de Brest, les paysans virent tuer des milliers de leurs frères et durent se laisser voler et piller. . L'esprit paysan simple ne pouvait pas comprendre le renversement complet des anciens slogans bolcheviques de « pas d'indemnité et pas d'annexions ». Mais même le paysan le plus simple pouvait comprendre que son labeur et son sang devaient payer les indemnités imposées par les conditions de Brest. Les paysans devinrent amers et hostiles au régime soviétique. Découragés et découragés, ils se détournèrent de la Révolution. Quant à l'effet de la paix de Brest sur les ouvriers allemands, comment pourraient-ils continuer à croire dans la révolution russe, alors que les bolcheviks ont négocié et accepté les termes de la paix avec les maîtres allemands au-delà de la tête du prolétariat allemand ? Il n'en demeure pas moins que la paix de Brest a marqué le début de la fin de la Révolution russe. Sans doute d'autres facteurs ont contribué à la débâcle, mais Brest a été le plus meurtrier d'entre eux.

Spiridonova affirmait que les éléments socialistes-révolutionnaires de gauche avaient mis en garde les bolcheviks contre cette paix et l'avaient combattue désespérément. Ils ont refusé de l'accepter même après sa signature. Ils considéraient la présence de Mirbach dans la Russie révolutionnaire comme un outrage à la Révolution, une injustice criante envers le peuple russe héroïque qui avait tant sacrifié et tant souffert dans sa lutte contre l'impérialisme et le capitalisme. Le parti de Spiridonova a décidé que Mirbach ne pouvait être toléré en Russie : Mirbach devait partir. Des arrestations et des persécutions massives suivirent l'exécution de Mirbach, le bolchevik au service du Kaiser allemand. Ils ont rempli les prisons de révolutionnaires russes.

Au cours de notre conversation, j'ai suggéré que la méthode de la *razverstka* avait probablement été imposée aux bolcheviks par le refus des paysans de nourrir la ville. Au début de la période révolutionnaire, expliquait Spiridonova, tant que les soviets paysans existaient, les paysans donnaient volontairement et généreusement. Mais lorsque le gouvernement bolchevique commença à dissoudre ces soviets et à arrêter 500 délégués paysans, la paysannerie devint hostile. De plus, ils étaient quotidiennement témoins de l'inefficacité du régime communiste : ils voyaient leurs produits pourrir dans les gares secondaires ou entre les mains des spéculateurs sur le marché. Naturellement, dans de telles conditions, ils ne continueraient pas à donner. Le fait que les paysans n'avaient jamais refusé de fournir des fournitures à l'Armée rouge prouvait que d'autres méthodes que celles utilisées par les bolcheviks auraient pu être employées. La *razverstka* ne servait qu'à élargir la brèche entre le village et la ville. Les bolcheviks eurent recours à des expéditions punitives qui devinrent la terreur du pays. Ils ont laissé la mort et la ruine partout où ils sont venus. Les paysans, enfin poussés au désespoir, commencèrent à se rebeller contre le régime communiste. Dans diverses régions de la Russie, au sud, sur l'Oural et en Sibérie, des insurrections paysannes ont eu lieu et partout elles ont été réprimées par la force des armes et d'une main de fer.

Spiridonova n'a pas parlé de ses propres souffrances depuis qu'elle s'était séparée des bolcheviks. Mais j'ai appris par d'autres qu'elle avait été arrêtée à deux reprises et emprisonnée pendant une période considérable. Même lorsqu'elle était libre, elle était gardée sous surveillance, comme elle l'avait été au temps du tsar. À plusieurs reprises, elle a été torturée en étant emmenée dehors la nuit et informée qu'elle allait être abattue – une méthode privilégiée par Tcheka. J'en ai parlé à Spiridonova. Elle n'a pas nié les faits, même si elle répugnait à parler d'elle-même. Elle était entièrement absorbée par le sort de la Révolution et de sa paysannerie bien-aimée. Elle ne pensait pas à elle-même, mais elle avait hâte que le monde et le prolétariat international connaissent la véritable situation dans la Russie bolchevique.

De tous les opposants aux bolcheviks que j'avais rencontrés, Maria Spiridonova m'a impressionné comme l'une des plus sincères, des plus posées et des plus convaincantes. Son passé héroïque et son refus de compromettre ses idées révolutionnaires sous le tsarisme comme sous le bolchevisme étaient une garantie suffisante de son intégrité révolutionnaire.

CHAPITRE XVII
UNE AUTRE VISITE À PIERRE KROPOTKINE

Quelques jours avant le départ de notre expédition vers l'Ukraine, l'occasion s'est présentée de rendre une nouvelle visite à Pierre Kropotkine. J'étais enchanté de pouvoir revoir le cher vieillard dans des conditions plus favorables qu'en mars. Je m'attendais au moins à ce que nous ne soyons pas gênés par la présence des journalistes, comme nous l'étions la fois précédente.

Lors de ma première visite, en mars sous la neige, je suis arrivé tard dans la soirée au chalet Kropotkine. L'endroit semblait désert et désolé. Mais maintenant c'était l'heure d'été. Le pays était frais et parfumé ; le jardin à l'arrière de la maison, vêtu de vert, souriait joyeusement, les rayons dorés du soleil répandant chaleur et lumière. On ne voyait pas Peter, qui faisait sa sieste l'après-midi, mais Sofia Grigorievna, sa femme, était là pour nous accueillir. Nous avions apporté quelques provisions données à Sacha Kropotkine pour son père, ainsi que plusieurs paniers de choses envoyés par un groupe anarchiste. Tandis que nous déballions ces trésors, Pierre Alekseïévitch nous surprit. Il semblait avoir changé : l'été avait opéré en lui un miracle. Il paraissait en meilleure santé, plus fort, plus vivant que la dernière fois que je l'avais vu. Il nous a immédiatement emmenés au potager qui était presque entièrement l'œuvre de Sofya et servait de principal soutien à la famille. Peter en était très fier. "Qu'est-ce que tu dis de ça !" il s'est excalmé; "tout le travail de Sofya. Et vois cette nouvelle espèce de laitue" - en désignant une énorme tête. Il avait l'air jeune ; il était presque gai, sa conversation pétillante. Son sens de l'observation, son sens de l'humour aiguisé et sa généreuse humanité étaient si rafraîchissants qu'il faisait oublier la misère de la Russie, ses propres conflits et ses doutes, et la cruelle réalité de la vie.

Après le dîner, nous nous sommes réunis dans le bureau de Peter, une petite pièce contenant une table ordinaire servant de bureau, un lit de camp étroit, un lavabo et des étagères remplies de livres. Je ne pouvais m'empêcher de faire mentalement une comparaison entre cette étude simple et exiguë de Kropotkine et les magnifiques quartiers de Radek et Zinoviev. Peter était intéressé de connaître mes impressions depuis sa dernière visite. Je lui ai raconté combien j'étais confus et harcelé, comment tout semblait s'effondrer sous mes pieds. Je lui ai dit que j'en étais venu à douter de presque tout, même de la Révolution elle-même. Je ne parvenais pas à concilier cette horrible réalité avec ce que la Révolution avait signifié pour moi lorsque je suis arrivé en Russie. Les conditions que je trouvais inévitables – l'indifférence cruelle à l'égard de la vie humaine, le terrorisme, le gaspillage et l'agonie de tout cela ? Bien sûr, je savais que les révolutions ne pouvaient pas se faire avec des gants. C'est une nécessité impérieuse impliquant violence et destruction, un processus difficile et terrible. Mais ce que j'avais découvert en Russie était totalement différent des conditions révolutionnaires, si fondamentalement différent qu'il en était caricatural.

Peter écoutait attentivement ; puis il dit : « Il n'y a aucune raison de perdre la foi. Je considère la révolution russe encore plus grande que la révolution française, car elle a frappé plus profondément l'âme de la Russie, le cœur et l'esprit du peuple russe. Le temps seul peut le démontrer. Ce que vous voyez aujourd'hui n'est que la surface, des conditions artificiellement créées par une classe dirigeante qui, par ses fausses théories, ses erreurs et son inefficacité, a démontré qu'il ne faut *pas* faire de révolution. " Il était regrettable – continuait Kropotkine – qu'un si grand nombre d'anarchistes en Russie et de masses hors de Russie aient été entraînés par les prétentions ultra-révolutionnaires des bolcheviks. Lors du grand bouleversement, on a oublié que les communistes étaient un parti politique fermement attaché à l'idée d'un État centralisé et qu'en tant que tel, ils étaient voués à détourner le cours de la Révolution. Les bolcheviks étaient les jésuites de l'Église socialiste : ils croyaient en la devise jésuitique selon laquelle la fin justifie les moyens. Leur fin étant le pouvoir politique, ils n'hésitent devant rien. Mais ces moyens ont paralysé les énergies des masses et terrorisé le peuple. Pourtant, sans le peuple, sans la participation directe des masses à la reconstruction du pays, rien d'essentiel ne pourrait être accompli. Les bolcheviks avaient été portés au sommet par la marée haute de la Révolution. Une fois au pouvoir, ils ont commencé à endiguer la marée. Ils ont essayé d'éliminer et de supprimer les forces culturelles du pays qui ne sont pas entièrement en accord avec leurs idées et leurs méthodes. Ils détruisirent les coopératives qui étaient de la plus haute importance pour la vie de la Russie, le grand lien entre la campagne et la ville. Ils ont créé une bureaucratie et une bureaucratie qui surpassent même celles de l'ancien régime. Dans le village où il vivait, dans le petit Dmitrov, il y avait plus de fonctionnaires bolcheviks qu'il n'y en avait jamais eu sous le règne des Romanov. Tous ces gens vivaient grâce aux masses. Ils étaient des parasites du corps social, et Dmitrov n'était qu'un petit exemple de ce qui se passait dans toute la Russie. Ce n'était pas la faute d'individus en particulier : c'était plutôt la faute de l'État qu'ils avaient créé, qui discrédite tout idéal révolutionnaire, étouffe toute initiative et privilégie l'incompétence et le gaspillage. Il ne faut pas non plus oublier, a souligné Kropotkine, que le blocus et les attaques continues contre la Révolution par les interventionnistes ont contribué à renforcer le pouvoir du régime communiste. L'intervention et le blocus saignaient la Russie à mort et empêchaient le peuple de comprendre la véritable nature du régime bolchevique.

Discutant des activités et du rôle des anarchistes dans la révolution, Kropotkine a déclaré : « Nous, les anarchistes, avons beaucoup parlé de révolutions, mais peu d'entre nous ont été préparés au travail réel à accomplir pendant le processus. J'ai indiqué certaines choses à ce sujet. dans ma « Conquête du pain ». Pouget et Pataud ont également esquissé une ligne d'action dans leur ouvrage sur « Comment accomplir la révolution sociale ». Kropotkine pensait que les anarchistes n'avaient pas suffisamment pris en considération les éléments fondamentaux de la révolution sociale. Les faits réels d'un processus révolutionnaire ne consistent pas tant dans les combats eux-mêmes, c'est-à-dire simplement dans la phase destructrice nécessaire pour ouvrir la voie à un effort constructif. Le facteur fondamental d'une révolution est l'organisation de la vie économique du pays. La révolution russe a prouvé de manière concluante que nous devons nous y préparer minutieusement. Tout le reste est d'une importance mineure. Il en était venu à penser que le syndicalisme était susceptible de fournir ce qui manquait le plus à la Russie : le canal par lequel la reconstruction industrielle et économique du pays pourrait passer. Il a évoqué l'anarcho-syndicalisme. Cela et les coopératives épargneraient à d'autres pays certaines des erreurs et des souffrances que traverse la Russie.

J'ai quitté Dmitrov très réconforté par la chaleur et la lumière que dégageait la belle personnalité de Pierre Kropotkine ; et j'ai été très encouragé par ce que j'avais entendu de lui. Je suis retourné à Moscou pour aider à terminer les préparatifs de notre voyage. Enfin, le 15 juillet 1920, notre voiture fut attelée à un train à destination de l'Ukraine.

CHAPITRE XVIII
EN ROUTE

Notre train était sur le point de quitter Moscou lorsque nous avons été surpris par un visiteur intéressant : Krasnoschekov, président de la République d'Extrême-Orient, récemment arrivé dans la capitale en provenance de Sibérie. Il avait entendu parler de notre présence dans la ville, mais pour une raison quelconque, il ne parvenait pas à nous localiser. Finalement, il rencontra Alexander Berkman qui l'invita à monter dans la voiture du Musée.

En apparence, Krasnoschekov avait énormément changé depuis l'époque où, connu sous le nom de Tobinson, à Chicago, il était surintendant de l'Institut ouvrier de cette ville. Il fut alors l'un des nombreux émigrés russes du West Side, actif comme organisateur et conférencier dans le mouvement socialiste. Maintenant, il avait l'air d'un homme différent ; son expression sévère, le cachet de l'autorité sur lui, il semblait même avoir grandi. Mais au fond, il restait le même : simple et gentil, le Tobinson que nous avions connu à Chicago.

Nous ne disposions que de peu de temps et notre visiteur en profita pour nous donner un aperçu de la situation en Extrême-Orient et de la forme de gouvernement local. Il était composé de représentants de diverses factions politiques et « même les anarchistes sont avec nous », a déclaré Krasnoschekov ; " Ainsi, par exemple, Chatov est ministre des Chemins de fer. Nous sommes indépendants à l'Est et il y a la liberté d'expression. Venez nous essayer, vous trouverez un domaine pour votre travail. " Il nous a invités Alexandre Berkman et moi-même à lui rendre visite à Chita et nous lui avons assuré que nous espérons profiter de cette invitation dans le futur. Il semblait avoir apporté une ambiance différente et nous étions désolés de nous séparer si tôt.

Sur la route de Petrograd à Moscou, l'expédition avait été occupée à mettre de l'ordre dans sa maison. Comme déjà mentionné, la voiture se composait de six compartiments, dont deux étaient aménagés en salle à manger et en cuisine. Ils étaient de petite taille, mais nous avons réussi à en faire une salle à manger présentable, et la cuisine aurait pu nous faire envier beaucoup de femmes de ménage. Un grand samovar russe et toutes les casseroles et bouilloires en cuivre et en zinc nécessaires étaient là, faisant une apparition très efficace. Nous étions particulièrement fiers des rideaux décoratifs sur les vitres de nos voitures. Les autres compartiments servaient de bureau et de dortoirs. J'ai partagé le mien avec notre secrétaire, Miss AT Shakol.

Outre Alexandre Berkman, nommé par le Musée comme président et directeur général, Shakol comme secrétaire et moi-même comme trésorier et gouvernant, l'expédition se composait de trois autres membres, dont un jeune communiste, étudiant à l'université de Petrograd. En route, nous avons élaboré notre plan de travail, chaque membre de l'expédition se voyant attribuer une branche particulière de celle-ci. Je devais recueillir des données auprès des ministères de l'Éducation et de la Santé, des Bureaux de la protection sociale et de la répartition du travail, ainsi que de l'organisation connue sous le nom d'Inspection ouvrière et paysanne. Après la journée de travail, tous les membres devaient se réunir dans la voiture pour examiner et classer le matériel collecté pendant la journée.

Notre premier arrêt était Koursk. Rien d'important n'y a été collecté, à l'exception d'une paire de *kandai* [menottes en fer] qui avaient été portées par un révolutionnaire de Schlüsselburg. Il nous a été offert par un passant fortuit qui, remarquant l'inscription sur notre voiture : « Commission extraordinaire du Musée de la Révolution », s'est intéressé et a appelé pour nous rendre visite. Il s'est révélé être un intellectuel, un tolstoïen, directeur d'une colonie d'enfants. Il réussit à maintenir ce dernier en confiant au gouvernement soviétique une certaine somme de travail qui lui était demandée : trois jours par semaine, il enseignait dans les écoles soviétiques de Koursk. Le reste de son temps, il le consacrait à sa petite colonie, ou à la « Commune des enfants », comme il l'appelait affectueusement. Avec l'aide des enfants et de quelques adultes ils cultivèrent les légumes nécessaires au maintien de la colonie et effectuèrent toutes les réparations des lieux. Il a déclaré qu'il n'avait pas été directement perturbé par le gouvernement, mais que son travail était considérablement handicapé par la discrimination dont il faisait l'objet en tant que pacifiste et tolstoïen. Il craignait qu'à cause de cela, son poste ne puisse plus être maintenu très longtemps. À l'époque, il n'y avait aucun commerce à Koursk et l'approvisionnement devait dépendre des autorités locales. Mais la discrimination et l'antagonisme se sont manifestés à l'encontre des initiatives et des efforts indépendants. Le Tolstoïen, cependant, était déterminé à se battre, spirituellement parlant, pour la vie de sa colonie. Il envisageait de se rendre au centre, à Moscou, où il espérait obtenir des soutiens en faveur de sa commune.

La personnalité de cet homme, son désir de se rendre utile ne correspondaient pas aux informations que j'avais reçues des communistes sur l' *intelligentsia* , son indifférence et son refus d'aider la Russie révolutionnaire. J'ai abordé le sujet avec notre visiteur. Il ne pouvait parler que des professionnels de Koursk, sa ville natale, mais il nous a assuré qu'il trouvait la plupart d'entre eux, et surtout les enseignants, désireux de coopérer et même d'abnégation. Mais ils constituaient la classe la plus négligée, vivant constamment dans la quasi-famine. Comme lui, ils étaient exposés à l'antagonisme général, même de la part des enfants dont l'esprit avait été empoisonné par l'agitation contre l' *intelligentsia* .

Koursk est un grand centre industriel et je m'intéressais au sort de ses ouvriers. Nous avons appris de notre visiteur qu'il y avait eu des escarmouches répétées entre les ouvriers et les autorités soviétiques. Peu de temps avant notre arrivée, une grève avait éclaté et des soldats furent envoyés pour la réprimer. Les arrestations habituelles ont suivi et de nombreux travailleurs se trouvaient encore à la Tcheka. Cet état de choses, pensait Tolstoï, était dû à l'incompétence communiste générale plutôt qu'à toute autre cause. Les gens ont été placés à des postes de responsabilité non pas en raison de leur aptitude mais en raison de leur appartenance à un parti. L'utilité politique était la première considération et elle aboutissait naturellement à un abus de pouvoir et à une confusion généralisés. Le dogme communiste selon lequel la fin justifie tous les moyens faisait également beaucoup de mal. Elle avait ouvert grande la porte aux pires passions humaines et discrédité les idéaux de la Révolution. Le Tolstoïen parlait tristement, comme on parle d'un espoir chéri, aimé et perdu.

Le lendemain matin, notre visiteur a fait don à notre collection du *kandali* qu'il avait porté pendant de nombreuses années en prison. Il espérait que nous pourrions revenir par Koursk pour visiter quelques communes tolstoïennes des environs de la ville. Non loin de Iasnaïa Poliana vivait un vieil ami paysan de Tolstoï, nous dit-il. Il possédait de nombreux documents précieux qu'il pourrait apporter au Musée. Notre visiteur resta jusqu'au moment de notre départ ; il avait soif de compagnie intellectuelle et répugnait à nous voir partir.

CHAPITRE XIX
À KHARKOV

En arrivant à Kharkov, je visitai la librairie anarchiste dont j'avais obtenu l'adresse à Moscou. Là, j'ai rencontré de nombreux amis que j'avais connus en Amérique. Parmi eux se trouvaient Joseph et Leah Goodman, anciennement de Détroit ; Fanny Baron, de Chicago, et Sam Fleshin qui avait travaillé au bureau de la Terre Mère à New York, en 1917, avant son départ pour la Russie. Avec des milliers d'autres exilés, ils s'étaient tous précipités vers leur pays natal dès les premières nouvelles de la Révolution, et depuis lors ils étaient au cœur de cette histoire. Ils auraient beaucoup à me dire, pensai-je ; ils pourraient m'aider à résoudre certains des problèmes qui me laissaient perplexe.

Kharkov se trouvait à plusieurs kilomètres de la gare et il n'aurait donc pas été pratique de continuer à vivre dans la voiture pendant notre séjour en ville. Les accréditations du Musée nous assureraient un logement, mais plusieurs membres de l'expédition préférèrent rester chez leurs amis américains. Grâce à l'aide d'un de nos camarades, qui commandait un immeuble, j'ai obtenu une chambre.

Il faisait assez chaud à Moscou, mais Kharkov s'est avéré une véritable fournaise, me rappelant New York en juillet. Les installations sanitaires et de plomberie avaient été négligées ou détruites, et l'eau devait être transportée depuis un endroit situé à plusieurs pâtés de maisons jusqu'à trois étages d'escaliers. C'était quand même un confort d'avoir une chambre privée.

La ville était vivante. Les rues étaient pleines de monde et ils semblaient mieux nourris et mieux habillés que la population de Petrograd et de Moscou. Les femmes étaient plus belles que dans le nord de la Russie ; les hommes d'un type plus raffiné. Il était assez étrange de voir de belles femmes, en robe du soir le jour, se promener pieds nus ou vêtues de sandales en bois et sans bas. Les foulards colorés que portaient la plupart d'entre eux donnaient vie et couleur aux rues, leur donnant un aspect joyeux qui contrastait favorablement avec les tons gris de Petrograd.

Ma première visite officielle a été effectuée au ministère de l'Éducation. J'ai trouvé une longue file de personnes attendant d'être admis, mais les lettres de créance du Musée ont immédiatement ouvert les portes, le président m'ayant reçu très cordialement. Il écouta attentivement mon explication des objectifs de l'expédition et promit de me donner l'occasion de rassembler tout le matériel disponible dans son département, y compris les cartes nouvellement préparées de son travail. Sur le bureau du président, j'ai remarqué une copie d'un tel tableau, ressemblant à une image futuriste, toute bordée et pointillée de rouge, de bleu et de violet. Remarquant mon expression perplexe, le président expliqua que le rouge indiquait les différentes phases du système éducatif, les autres couleurs représentant la littérature, le théâtre, la musique et les arts plastiques. Chaque département était subdivisé en bureaux englobant toutes les branches de l'œuvre éducative et culturelle de la République socialiste.

Concernant le système éducatif, le président a déclaré que de trois à huit ans, l'enfant fréquentait le jardin d'enfants ou le foyer pour enfants. Les orphelins de guerre du Sud, les enfants des soldats de l'Armée rouge et des prolétaires en général ont reçu la préférence. S'il restait des postes vacants, les enfants de la bourgeoisie étaient également acceptés. De huit à treize ans, les enfants fréquentaient les écoles intermédiaires où ils recevaient un enseignement élémentaire qui leur inculquait l'idée générale de la structure politique et économique tré la RSFSR. Des méthodes modernes d'enseignement au moyen d'appareils techniques, dans la mesure où ces derniers pouvaient être assurés, avaient été introduites. . Les enfants ont appris les processus de production ainsi que les sciences naturelles. La période de douze à dix-sept ans englobe la formation professionnelle. Il existait également des établissements d'enseignement supérieur pour les jeunes qui faisaient preuve de capacités et d'inclinations particulières. En outre, des écoles d'été et des colonies avaient été créées où l'enseignement était dispensé en plein air. Tous les enfants appartenant à la République soviétique étaient nourris, habillés et logés aux frais du gouvernement. Le programme d'éducation comprenait également des collèges ouvriers et des cours du soir pour adultes des deux sexes. Ici aussi, tout était fourni gratuitement aux élèves, même des rations spéciales. Pour plus de détails, le président m'a renvoyé à la littérature de son département et m'a conseillé d'étudier le plan en cours d'exécution. Le travail éducatif fut fortement handicapé par le blocus et les tentatives contre-révolutionnaires ; Autrement, la Russie démontrerait au monde ce que la République socialiste peut faire en matière d'éducation populaire. Il leur manquait même les produits de première nécessité, comme le papier, les crayons et les livres. En hiver, la plupart des écoles ont dû être fermées faute de carburant. La cruauté et l'infamie du blocus n'étaient nulle part plus apparentes et plus criantes que dans ses effets sur les malades et les enfants. "C'est le crime le plus noir du siècle", a conclu le président. Il a été convenu que je reviendrais d'ici une semaine pour recevoir le matériel de notre collection. Au Département de la Protection Sociale, j'ai également trouvé un responsable très compétent. Il s'intéressa beaucoup au travail de l'expédition et promit de rassembler pour nous le matériel nécessaire, bien qu'il ne puisse pas offrir grand-chose parce que son département n'avait été organisé que récemment. Son travail consistait à s'occuper des prolétaires handicapés et malades ainsi que des personnes âgées exemptées du travail. Ils reçurent certaines rations de nourriture et de vêtements ; S'ils étaient employés, ils recevaient également une certaine somme d'argent, environ la moitié de leurs gains. En outre, le Département soutenait les logements et les salles à manger pour ses charges.

Dans le couloir menant aux différents bureaux du Département, des files d'hommes et de femmes émaciés et estropiés attendaient leur tour pour recevoir de l'aide. Ils ressemblaient à des anciens combattants attendant leur misère sous forme de rations ; ils m'ont rappelé les chômeurs décrépits qui faisaient la queue dans les quartiers de l'Armée du Salut en Amérique. Une femme en particulier a attiré mon attention. Elle était en colère et excitée et se plaignait bruyamment. Son mari était mort depuis deux jours et elle essayait d'obtenir un permis pour un cercueil. Depuis, elle faisait la queue mais ne pouvait obtenir aucune commande. "Que dois-je faire?" elle gémissait ; "Je ne peux pas le porter sur mon dos ni l'enterrer sans cercueil, et je ne peux pas le garder plus longtemps dans ma chambre par cette chaleur." La lamentation de la femme resta sans réponse car chacun était absorbé par ses propres ennuis. Les travailleurs malades et handicapés sont jetés partout à la ferraille, pensais-je, mais en Russie, on s'efforce d'empêcher une telle cruauté. Pourtant, à en juger par ce que j'ai vu à Kharkov, j'ai eu l'impression que peu de choses étaient accomplies. C'était une image des plus déprimantes, cette longue file d'attente. J'avais l'impression que cela ajoutait l'insulte à l'injure.

J'ai visité une maison où vivaient des laissés-pour-compte. Il était assez bien entretenu, mais respirait l'esprit d'un institutionnalisme froid. C'était bien sûr mieux que de dormir dans la rue ou de rester toute la nuit devant une porte, comme les malades et les pauvres sont souvent obligés de le faire dans les pays capitalistes, en Amérique par exemple. Il semblait néanmoins incongru qu'on ne puisse pas imaginer quelque chose de plus joyeux et plus accueillant en Russie soviétique pour ceux qui avaient sacrifié leur santé et consacré leur travail au bien commun. Mais apparemment, c'était le mieux que le Département de la protection sociale pouvait faire dans la situation actuelle de la Russie.

Le soir, nos amis américains nous ont rendu visite. Chacun d'eux avait une riche expérience de lutte, de souffrance et de persécution et j'ai été surpris d'apprendre que la plupart d'entre eux avaient également été emprisonnés par les bolcheviks. Ils ont enduré beaucoup de choses pour le bien de leurs idées et ont été traqués par tous les gouvernements ukrainiens, quatorze changements politiques ayant eu lieu dans certaines régions du sud au cours des deux dernières années. Les communistes n'étaient pas différents : ils persécutèrent également les anarchistes ainsi que d'autres révolutionnaires de gauche. Les anarchistes continuèrent néanmoins leur travail. Leur foi dans la Révolution, malgré tout ce qu'ils ont enduré, et même face aux pires réactions, était vraiment sublime. Ils convenaient que les possibilités des masses au cours des premiers mois après la Révolution d'Octobre étaient très grandes, mais exprimaient l'opinion que le développement révolutionnaire avait été freiné, et progressivement entièrement paralysé, par l'effet asphyxiant de l'État communiste. En Ukraine, expliquaient-ils, la situation était différente de celle de la Russie, car les paysans vivaient dans des conditions matérielles comparativement meilleures. Ils avaient également conservé une plus grande indépendance et un esprit plus rebelle. Pour ces raisons, les bolcheviks n'avaient pas réussi à soumettre le sud.

Nos visiteurs parlaient de Makhno comme d'un personnage populaire héroïque, racontaient ses exploits audacieux et les légendes que les paysans avaient tissées sur sa personnalité. Il y avait cependant des divergences d'opinion considérables parmi les anarchistes quant à l'importance du mouvement Makhno. Certains le considéraient comme une expression de l'anarchisme et pensaient que les anarchistes devraient y consacrer toutes leurs énergies. D'autres soutenaient que les *povstantsi* représentaient l'esprit rebelle indigène des paysans du sud, mais que leur mouvement n'était pas anarchiste, bien que teinté d'anarchisme. Ils n'étaient pas favorables à se limiter à ce mouvement ; ils pensaient que leur travail devait avoir un caractère plus global et plus universel. Plusieurs de nos amis ont pris une tout autre position, niant au mouvement Makhno toute signification anarchiste quelle qu'elle soit.

Le plus enthousiaste à propos de Makhno et insistant sur la valeur anarchiste de ce mouvement était Joseph, connu sous le nom de « l'Émigrant » – le tout dernier homme auquel on aurait pu s'attendre à s'échauffer au sujet d'une organisation militaire. Joseph était doux et gentil comme une fille. En Amérique, il avait participé aux mouvements anarchiste et travailliste de manière discrète et sans prétention, et très peu connaissaient la véritable valeur de cet homme. Depuis son retour en Russie, il était au cœur de la lutte. Il avait passé beaucoup de temps avec Makhno et avait appris à l'aimer et à l'admirer pour son dévouement et son courage révolutionnaires. Joseph a raconté une expérience intéressante de sa première visite au chef paysan. Lorsqu'il arriva, les *povstantsi,* pour une raison quelconque, crurent qu'il était venu pour nuire à leur chef. L'un des amis les plus proches de Makhno a affirmé que Joseph, étant juif, devait également être un émissaire des bolcheviks envoyés pour tuer Makhno. Lorsqu'il vit l'attachement de Makhno à Joseph, il décida de tuer « le Juif ». Heureusement, il a d'abord prévenu son chef, après quoi Makhno a rassemblé ses hommes et leur a adressé un discours en quelque sorte de cette manière : « Joseph est un juif et un idéaliste ; c'est un anarchiste. Je le considère comme mon camarade et mon ami et je tiendrai chacun pour responsable de son sécurité." Idolâtré par son armée, la parole de Makhno suffit : Joseph devient l'ami de confiance des *povstantsi* . Ils croyaient en lui parce que leur *batka* [père] avait confiance en lui, et Joseph en retour leur devint profondément dévoué. Il insistait maintenant sur le fait qu'il devait retourner dans le camp rebelle : c'étaient des gens héroïques, simples, courageux et dévoués à la cause de la liberté. Il envisageait de rejoindre à nouveau Makhno. Pourtant, je ne pouvais pas me débarrasser du sentiment que si Joseph revenait, je ne le reverrais plus jamais vivant. Il m'a semblé être un de ces personnages du "Germinal" de Zola qui aiment tout ce qui vit et pourtant savent recourir à la dynamite pour le bien des mineurs en grève.

J'ai fait valoir à mes amis que, aussi important que puisse être le mouvement Makhno, il était de nature purement militaire et ne pouvait donc pas exprimer l'esprit anarchiste. J'étais désolé de voir Joseph retourner dans le camp de Makhno, car son travail pour le mouvement anarchiste en Russie pourrait être d'une bien plus grande valeur. Mais il était déterminé, et je sentais que c'était le désespoir de Joseph face aux tendances réactionnaires des bolcheviks qui l'avait poussé, comme tant d'autres de ses camarades, à s'éloigner des communistes et à rejoindre les rangs de Makhno.

Durant notre séjour à Kharkov, j'ai également visité le Département de la répartition du travail, créé depuis la militarisation du travail. Selon les bolcheviks, il devenait alors nécessaire de renvoyer les ouvriers des villages vers lesquels ils affluaient des villes affamées. Ils devaient être enregistrés et classés selon les métiers et distribués là où leurs services étaient le plus nécessaires. Dans le cadre de l'exécution de ce plan, de nombreuses personnes étaient quotidiennement rassemblées dans les rues et sur la place du marché. Avec les nombreux arrêtés comme spéculateurs ou pour possession d'argent tsariste, ils furent inscrits sur la liste du Département de la répartition du travail. Certains furent envoyés dans le bassin du Donetz, tandis que les plus faibles furent envoyés dans des camps de concentration. Les communistes ont justifié ce système et cette méthode comme étant nécessaires pendant une période révolutionnaire afin de développer les industries. Tout le monde doit travailler en Russie, disaient-ils, ou être forcé de travailler. Ils affirmaient que la production industrielle avait augmenté depuis l'introduction de la loi sur le travail obligatoire.

J'ai eu l'occasion de discuter de ces questions avec de nombreux communistes et je doutais de l'efficacité de la nouvelle politique.

Un soir, une femme est venue dans ma chambre et s'est présentée comme l'ancienne propriétaire de l'appartement. Toutes les maisons ayant été nationalisées, elle fut autorisée à conserver trois chambres, le reste de son appartement ayant été confié au Bureau de la Maison. Sa famille était composée de huit membres, dont ses parents et une fille mariée avec sa famille. Il était presque impossible de se rassembler tous dans trois pièces, surtout compte tenu de la chaleur épouvantable de l'été à Kharkov ; pourtant, ils y étaient parvenus d'une manière ou d'une autre. Mais deux semaines avant notre arrivée à Kharkov, Zinoviev visita la ville. Lors d'une réunion publique, il déclara que la bourgeoisie de la ville paraissait trop bien nourrie et trop bien habillée. "Cela prouve, dit-il, que les camarades et surtout les Tchéka négligent leur devoir". A peine Zinoviev était-il parti que commencèrent des arrestations massives et des descentes nocturnes. La confiscation est devenue à l'ordre du jour. Son appartement, a raconté la femme, avait également été visité et la plupart de ses effets lui avaient été confisqués. Mais le pire, c'est que la Tcheka lui ordonna de quitter une des chambres, et voilà que toute la famille était entassée dans deux petites pièces. Elle craignait beaucoup qu'un membre de la Tchéka ou un homme de l'Armée rouge ne soit affecté dans la chambre vacante. "Nous avons été très soulagés", a-t-elle déclaré, "quand nous avons été informés que quelqu'un d'Amérique devait occuper cette chambre. Nous souhaitons que vous restiez ici longtemps."

Jusqu'alors, je n'avais pas eu de contact personnel avec les membres de la bourgeoisie expropriée qui avaient réellement souffert de la Révolution. Les quelques familles bourgeoises que j'ai rencontrées vivaient bien, ce qui m'a étonné. Ainsi, à Petrograd, un certain pharmacien que j'avais connu chez Chatov vivait très cher. Les autorités soviétiques lui ont permis d'exploiter son usine et il a fourni au gouvernement des produits chimiques à un coût bien inférieur à celui auquel le gouvernement pouvait les fabriquer. Il payait à ses ouvriers des salaires relativement élevés et leur fournissait des rations. À une certaine occasion, je fus invité à dîner par la famille du pharmacien. Je les ai trouvés vivant dans un appartement luxueux contenant de nombreux objets de valeur et trésors d'art. Mon hôtesse, la femme du pharmacien, était vêtue de vêtements luxueux et portait un collier coûteux. Le dîner se composait de plusieurs plats et était servi de manière extravagante avec du linge de damassé exquis en abondance. Cela a dû coûter plusieurs centaines de milliers de roubles, ce qui, en 1920, représentait une petite fortune en Russie. Ce qui m'a étonné, c'est que presque tout le monde à Petrograd connaissait le pharmacien et connaissait son mode de vie. Mais j'ai été informé que le gouvernement soviétique avait besoin de lui et qu'il était donc autorisé à vivre à sa guise. Un jour, je lui ai fait part de ma surprise que les bolcheviks n'aient pas confisqué ses richesses. Il m'a assuré qu'il n'était pas le seul de la bourgeoisie à conserver son ancienne condition. « La bourgeoisie n'est en aucun cas morte », disait-il ; "Il n'a été chloroformé que pendant un certain temps, pour ainsi dire, pour l'opération douloureuse. Mais il se remet déjà de l'effet de l'anesthésique et bientôt il aura entièrement récupéré. Il lui faudra seulement un peu plus de temps." La femme qui m'a rendu visite dans la salle de Kharkov ne s'en était pas aussi bien sortie que le pharmacien de

Petrograd. Elle faisait partie des décombres laissés par la tempête révolutionnaire qui avait balayé la Russie.

Durant mon séjour dans la capitale ukrainienne, j'ai rencontré quelques personnes intéressantes du monde professionnel, parmi lesquelles un ingénieur qui revenait tout juste du bassin du Donetz et une femme employée dans un bureau soviétique. Tous deux étaient des personnes cultivées et très sensibles au sort de la Russie. Nous avons discuté de la visite de Zinoviev. Ils ont corroboré l'histoire qui m'a été racontée auparavant. Zinoviev avait reproché à ses camarades leur laxisme envers la bourgeoisie et leur avait reproché de ne pas supprimer le commerce. Immédiatement après le départ de Zinoviev, la Tchéka commença des raids aveugles, les membres de la bourgeoisie perdant alors presque tout ce qu'ils possédaient. Le plus tragique, selon l'ingénieur, était que les ouvriers ne bénéficiaient pas de ces raids. Personne ne savait ce qu'il était advenu des objets confisqués : ils avaient tout simplement disparu. L'ingénieur et l'employée soviétique parlaient avec beaucoup d'inquiétude de la désintégration générale des idées. Les Russes croyaient autrefois, dit la femme, que les masures et les palais étaient tout aussi mauvais et devaient être abolis. Il ne leur est jamais venu à l'esprit que le but d'une révolution est simplement de provoquer un transfert de possessions, de mettre les riches dans les taudis et les pauvres dans les palais. Ce n'était pas vrai que les ouvriers étaient entrés dans les palais. On leur a seulement fait croire que c'était la fonction d'une révolution. En réalité, les masses sont restées là où elles étaient auparavant. Mais désormais, ils n'étaient plus seuls : ils étaient en compagnie des classes qu'ils voulaient détruire.

L'ingénieur civil avait été envoyé par le gouvernement soviétique dans le bassin du Donetz pour construire des maisons pour les ouvriers, et j'étais heureux d'avoir l'occasion d'apprendre de lui quelles étaient les conditions de vie là-bas. La presse communiste publiait des comptes rendus élogieux sur la production intensive de charbon dans le bassin, et les calculs officiels affirmaient que le pays recevrait suffisamment de charbon pour l'hiver qui approchait. En réalité, les mines du Donetz étaient dans un état des plus déplorables, m'a informé l'ingénieur. Les mineurs étaient parqués comme du bétail. Ils recevaient des rations abominables, étaient presque pieds nus et étaient obligés de travailler debout dans l'eau jusqu'aux chevilles. En raison de ces conditions, très peu de charbon était produit. "Je faisais partie d'un comité chargé d'enquêter sur la situation et de rendre compte de nos conclusions", a déclaré l'ingénieur. "Notre rapport est loin d'être favorable. Nous savons qu'il est dangereux de raconter les faits tels que nous les avons constatés : cela pourrait nous mener à la Tchéka. Mais nous avons décidé que Moscou devait se rendre à l'évidence. Le système des commissaires politiques, l'inefficacité générale des bolcheviks. , et l'effet paralysant de l'appareil d'État ont rendu notre travail constructif dans le bassin presque impossible. Ce fut un échec lamentable.

Une telle situation pourrait-elle être évitée dans une période révolutionnaire et dans un pays aussi peu développé industriellement que la Russie ? J'ai interrogé. La Révolution était attaquée par la bourgeoisie à l'intérieur et à l'extérieur ; il y avait un besoin impérieux de défense et il ne restait plus d'énergie pour un travail constructif. L'ingénieur a méprisé mon point de vue. La bourgeoisie russe était faible et ne pouvait opposer pratiquement aucune résistance, affirmait-il. Elle était numériquement insignifiante et souffrait d'une mauvaise conscience. Le terrorisme bolchevique n'était ni nécessaire ni justifié et c'est principalement ce dernier qui a paralysé les efforts constructifs. Les intellectuels de la classe moyenne étaient actifs depuis de nombreuses années dans les mouvements libéraux et révolutionnaires de Russie, et ainsi les membres de la bourgeoisie s'étaient rapprochés des masses. Quand le grand jour arriva, la bourgeoisie, surprise, préféra abandonner plutôt que de se battre. Elle a été abasourdie par la Révolution plus que toute autre classe en Russie. Elle n'était absolument pas préparée et n'a pas encore pris ses marques à ce jour. Il n'était pas vrai, comme le prétendaient les bolcheviks, que la bourgeoisie russe constituait une menace active pour la Révolution.

On m'avait conseillé de consulter le chef du Département de l'Inspection ouvrière et paysanne, le poste étant occupé par une femme, ancienne officier de la Tcheka, réputée très sévère, voire cruelle, mais efficace. Elle pourrait me fournir du matériel très précieux, m'a-t-on dit, et me donner accès aux prisons et aux camps de concentration. Lors de ma visite aux bureaux de l'Inspection ouvrière et paysanne, je trouvai d'abord la responsable pas du tout cordiale. Elle a ignoré mes références, apparemment peu impressionnée par la signature de Zinoviev. Bientôt, un homme sortit d'un bureau intérieur. Il s'est avéré qu'il s'agissait de Dibenko, un haut officier de l'Armée rouge, et il m'a informé qu'il avait entendu parler de moi par Alexandra Kollontay, qu'il appelait son épouse. Il m'a promis de récupérer tout le matériel disponible et m'a demandé de revenir plus tard dans la journée. Lorsque j'ai rappelé, j'ai trouvé la dame beaucoup plus aimable et disposée à me donner des informations sur les activités de son service. Il semblait que ces derniers avaient été organisés pour lutter contre le sabotage et la corruption croissants. Cela faisait partie des attributions de la Tcheka, mais il s'est avéré nécessaire de créer un nouveau département chargé de l'inspection et de la correction des abus. « C'est le tribunal auquel on peut faire appel », dit la femme ; "Par exemple, nous enquêtons actuellement sur des plaintes de prisonniers qui ont été condamnés à tort ou qui ont reçu des peines excessives." Elle promit de nous obtenir l'autorisation d'inspecter les établissements pénitentiaires et, quelques jours plus tard, plusieurs membres de l'expédition en eurent l'occasion.

Nous avons d'abord visité le principal camp de concentration de Kharkov. Nous avons trouvé un certain nombre de prisonniers travaillant dans la cour, creusant un nouvel égout. C'était certainement nécessaire, car l'endroit tout entier était rempli d'odeurs nauséabondes. Le bâtiment de la prison était divisé en plusieurs salles, toutes surpeuplées. L'un des compartiments était appelé « appartement des spéculateurs », bien que presque tous ses occupants protestaient contre cette classification. Ils avaient l'air pauvres et affamés, chacun désireux de nous raconter son histoire de malheur, apparemment sous l'impression que nous étions des enquêteurs officiels. Dans un des couloirs, nous trouvâmes plusieurs communistes accusés de sabotage. De toute évidence, le gouvernement soviétique n'a fait aucune discrimination en faveur de son propre peuple.

Il y avait dans le camp des officiers blancs faits prisonniers sur le front polonais et des dizaines de paysans et de paysannes détenus sous diverses accusations. Ils présentaient un spectacle pitoyable, assis par terre faute de bancs, un groupe pathétique, ahuri et incapable de comprendre la combinaison d'événements qui les avait pris dans le filet.

Plus d'un millier d'hommes valides ont été enfermés dans le camp de concentration, sans aucun service pour la communauté et nécessitant de nombreux fonctionnaires pour les garder et les soigner. Et pourtant, la Russie avait cruellement besoin de main-d'œuvre. Cela me semblait un gaspillage peu pratique.

Plus tard, nous avons visité la prison. Aux portes, une foule en colère gesticulait et criait. J'ai appris que les colis hebdomadaires apportés par les proches des détenus avaient été refusés le matin même par les autorités pénitentiaires. Certaines personnes avaient parcouru des kilomètres et avaient dépensé leur dernier rouble pour acheter de la nourriture à leurs maris et frères arrêtés. Ils étaient affolés. Notre escorte, la responsable du Bureau, a promis d'enquêter sur l'affaire. Nous avons fait le tour de la grande prison – un spectacle déprimant de misère humaine et de désespoir. Dans l'isolement se trouvaient les condamnés à mort. Pendant des jours, leur regard m'a hanté, leurs yeux pleins de terreur face à l'incertitude torturante, craignant d'être appelé à tout moment à affronter la mort.

Nos amis de Kharkov nous avaient demandé de retrouver une certaine jeune femme dans la prison. En essayant d'éviter d'attirer l'attention, nous l'avons recherchée des yeux dans diverses parties de l'institution, jusqu'à ce que nous voyions quelqu'un répondre à sa description. Elle était anarchiste, considérée comme politique. Les conditions de détention étaient mauvaises, nous a-t-elle dit. Il a fallu une grève de la faim prolongée pour obliger les autorités à traiter les politiques plus décemment et à garder ouvertes les portes des condamnés à mort pendant la journée, afin qu'ils puissent recevoir un peu de réconfort et de réconfort de la part des autres prisonniers. Elle a parlé de nombreuses personnes injustement arrêtées et a désigné une vieille paysanne à l'air stupide, enfermée au secret comme espion de Makhno, une accusation évidemment due à un malentendu.

Le régime carcéral était très rigide. Entre autres choses, il était interdit aux prisonniers de grimper aux fenêtres ou de regarder dans la cour. On nous a raconté l'histoire d'un prisonnier fusillé pour avoir désobéi une fois à cette règle. Il avait entendu du bruit dans la rue en contrebas et, curieux de savoir ce qui se passait, il grimpa sur le rebord de la fenêtre de sa cellule. La sentinelle dans la cour n'a donné aucun avertissement. Il a tiré, blessant grièvement l'homme. De nombreuses histoires similaires de sévérité et d'abus nous ont été racontées par les prisonniers. En route vers la ville, j'ai exprimé ma surprise face aux conditions tolérées dans les prisons. J'ai fait remarquer à notre guide que cela provoquerait un grave scandale si le monde occidental apprenait dans quelles conditions vivent les prisonniers et comment ils sont traités dans la Russie socialiste. Rien ne pouvait justifier une telle brutalité, pensais-je. Mais le président de l'Inspection ouvrière et paysanne restait de marbre. « Nous vivons une période révolutionnaire », répondit-elle ; "on ne peut rien faire sur ces questions." Mais elle a promis d'enquêter sur certains cas d'extrême injustice que nous lui avions signalés. Je n'étais pas convaincu que la Révolution était responsable des maux existants. Si la Révolution devait réellement supporter autant de brutalité et de crime, quel était le but de la Révolution, après tout ?

À la fin de notre première semaine à Kharkov, je suis retourné au ministère de l'Éducation où on m'avait promis du matériel. À ma grande surprise, j'ai découvert que rien n'avait été préparé. J'ai été informé que le président était absent et j'ai de nouveau assuré que les données promises seraient collectées et prêtes avant notre départ. J'ai ensuite été référé au responsable d'un certain département expérimental de l'école. Le président m'avait dit que des méthodes pédagogiques intéressantes étaient en cours de développement, mais j'ai trouvé le directeur inintelligent et ennuyeux. Il ne pouvait rien me dire sur les nouvelles méthodes, mais il était prêt à faire venir un des instructeurs pour m'expliquer les choses. Un messager a été envoyé, mais il est rapidement revenu avec l'information que le professeur était occupé à manifester devant sa classe et ne pouvait pas venir. Le directeur entra en colère. « Il faut qu'il vienne », cria-t-il ; "La bourgeoisie sabote comme les autres maudites *intelligentsias* . Ils devraient tous être fusillés. Nous pouvons très bien nous passer d'eux." Il faisait partie de ce type de communistes fanatiques et persécuteurs à l'esprit étroit qui ont fait plus de mal à la Révolution que n'importe quel contre-révolutionnaire.

Durant notre séjour à Kharkov nous avons également eu le temps de visiter quelques usines. Dans une usine de fabrication de charrues, nous avons trouvé un grand loft rempli de produits finis. J'ai été surpris que les charrues soient conservées à l'usine au lieu d'être utilisées concrètement dans les fermes. « Nous attendons les ordres de Moscou », explique le directeur ; "c'était une commande urgente et nous avons été menacés d'arrestation pour sabotage au cas où l'expédition ne serait pas prête dans les six semaines. C'était il y a six mois, et comme vous le voyez, les charrues sont toujours là. Les paysans en ont cruellement besoin, et nous avons besoin de leur pain. Mais nous ne pouvons pas échanger. Nous devons attendre les commandes de Moscou.

Je me souviens d'une remarque de Zinoviev, lorsque lors de notre première rencontre il avait déclaré que Petrograd manquait de combustible, bien qu'à moins de cent verstes de la ville il y ait de quoi approvisionner près de la moitié du pays. J'ai proposé à cette occasion de faire appel aux ouvriers de Petrograd pour acheminer le carburant jusqu'à la ville. Zinoviev trouvait cela très naïf. "Si nous accordions une telle chose à Petrograd, dit-il, la même exigence serait formulée dans d'autres villes. Cela créerait une concurrence communale qui est une institution bourgeoise. Cela interférerait avec notre plan de contrôle nationalisé et centralisé." C'était le principe dominant, et par conséquent les ouvriers de Kharkov manquaient de pain jusqu'à ce que Moscou donne l'ordre d'envoyer les charrues aux paysans. La suprématie de l'État était la pierre angulaire du marxisme.

Quelques jours avant de quitter Kharkov, j'ai rendu visite une fois de plus au Conseil de l'Éducation et, encore une fois, je n'ai pas réussi à trouver son président. À ma grande consternation, j'ai été informé que je ne recevrais aucun document parce qu'il avait été décidé que l'Ukraine aurait son propre musée et que le président était allé à Kiev pour l'organiser. Je me suis senti indigné de la misérable tromperie que nous avait infligée un homme occupant une position communiste élevée. L'Ukraine avait sûrement le droit d'avoir son propre musée, mais pourquoi cette petite fraude qui a fait perdre à l'Expédition un temps si précieux ?

La suite de cet incident est survenue quelques jours plus tard lorsque nous avons été surpris par l'arrivée précipitée de notre secrétaire qui nous a informé que nous devions quitter Kharkov immédiatement et le plus discrètement possible, car le comité exécutif local du parti avait décidé d'empêcher notre transport. des données statistiques provenant d'Ukraine. Nous nous sommes donc empressés de partir pour sauver ce que nous avions déjà collecté. Nous savions que ces documents seraient perdus s'ils restaient à Kharkov et que le projet d'un musée ukrainien indépendant ne resterait que sur papier pendant de nombreuses années.

Avant de partir, nous avons organisé une dernière conférence avec nos amis locaux. Nous sentions que nous ne les reverrons peut-être jamais. A cette occasion, le travail de la Fédération "Nabat" a été discuté en détail. Cette organisation anarchiste générale du Sud avait été fondée à la suite des expériences des anarchistes russes et de la conviction qu'un corps unifié était nécessaire pour rendre leur travail plus efficace. Ils ne voulaient pas seulement mourir mais vivre pour la Révolution. Il apparaissait que les anarchistes de Russie avaient été divisés en plusieurs factions, la plupart numériquement petites et ayant peu d'influence pratique sur le cours des événements en Russie. Ils n'avaient pas réussi à établir une emprise permanente dans les rangs ouvriers. Il fut donc décidé de rassembler tous les éléments anarchistes d'Ukraine en une seule fédération et d'être ainsi en mesure de présenter un front solide dans la lutte non seulement contre l'invasion et la contre-révolution, mais aussi contre la persécution communiste.

Grâce à un effort unifié, le « Nabat » parvint à couvrir la majeure partie du sud et à entrer en contact étroit avec la vie des ouvriers et des paysans. Les fréquents changements de gouvernement en Ukraine ont finalement poussé les anarchistes à se cacher, la persécution incessante des bolcheviks ayant vidé leurs rangs des travailleurs les plus actifs. Pourtant, la Fédération avait pris racine parmi le peuple. La petite troupe était constamment en danger, mais elle poursuivait énergiquement son travail d'éducation et de propagande.

Les anarchistes de Kharkov attendaient évidemment beaucoup de notre présence en Russie. Ils espéraient qu'Alexander Berkman et moi-même nous joindrions à eux dans leur travail. Nous étions déjà en Russie depuis sept mois, mais nous n'avions encore pris aucune part directe au mouvement anarchiste. Je sentais la déception et l'impatience de nos camarades. Ils étaient impatients que nous informions au moins les anarchistes européens et américains de ce qui se passait en Russie, en particulier de la persécution impitoyable des éléments révolutionnaires de gauche. Eh bien, je pourrais comprendre l'attitude de mes amis ukrainiens. Ils ont beaucoup souffert ces dernières années : ils ont vu les grands espoirs de la Révolution anéantis et la Russie s'effondrer sous la botte de l'État bolchevique. Pourtant, je ne pouvais pas me conformer à leurs souhaits. J'avais toujours confiance dans les bolcheviks, dans leur sincérité et leur intégrité révolutionnaires. De plus, j'avais le sentiment que tant que la Russie serait attaquée de l'extérieur, je ne pourrais pas formuler de critiques. Je n'ajouterais pas d'huile sur le feu de la contre-révolution. J'ai donc dû garder le silence et me tenir aux côtés des bolcheviks en tant que défenseurs organisés de la Révolution. Mais mes amis russes méprisaient cette vision. Je confondais le Parti communiste avec la Révolution, disaient-ils ; ce n'étaient pas les mêmes; au contraire, ils étaient opposés, voire antagonistes. L'État communiste, selon les anarchistes du « Nabat », s'est avéré fatal à la Révolution.

Quelques heures avant notre départ, nous avons reçu une information confidentielle selon laquelle Makhno avait appelé Alexandre Berkman et moi-même pour lui rendre visite. Il souhaitait placer sa situation devant nous et, à travers nous, devant le mouvement anarchiste du monde. Il souhaitait que tout le monde comprenne qu'il n'était pas le bandit, le harceleur de Juifs et le contre-révolutionnaire que les bolcheviks l'avaient proclamé. Il était dévoué à la Révolution et servait les intérêts du peuple tels qu'il les concevait.

C'était une grande tentation de rencontrer la moderne Stenka Rasin, mais nous étions attachés au Musée et ne pouvions pas rompre notre confiance avec les autres membres de l'expédition.

CHAPITRE XX
POLTAVA

C'est le système ferroviaire qui a le plus souffert du bouleversement général de la vie en Russie et de l'effondrement de son appareil économique. Le sujet a été discuté dans presque toutes les réunions et tous les journaux soviétiques en ont souvent parlé. Entre Petrograd et Moscou, cependant, la situation réelle n'était pas aussi perceptible, même si les gares principales étaient toujours bondées et les gens attendaient des jours entiers pour trouver une place. Pourtant, les trains entre Petrograd et Moscou circulaient assez régulièrement. Si l'on avait la chance d'obtenir l'autorisation de voyager et un billet nécessaires, on pourrait réussir à faire le voyage sans danger particulier pour sa vie ou son intégrité physique. Mais plus on s'éloignait vers le sud, plus la désorganisation devenait apparente. Des voitures cassées parsemaient le paysage, des moteurs en panne gisaient le long du parcours et les voies étaient fréquemment arrachées. Partout en Ukraine, les gares étaient remplies à craquer, les gens se précipitant en délire chaque fois qu'un train était aperçu. La plupart d'entre eux sont restés des semaines sur les quais avant de réussir à monter dans un train. Les marches et même les toits des voitures étaient remplis d'hommes et de femmes chargés de ballots et de sacs. À chaque gare, il y avait une bousculade sauvage pour un peu d'espace. Les soldats chassaient les passagers des marches et des toits et ils devaient souvent recourir aux armes. Pourtant, les gens étaient si désespérés et si déterminés à se rendre dans un endroit où il y avait un espoir d'obtenir un peu de nourriture, qu'ils semblaient indifférents à l'arrestation et risquaient continuellement leur vie dans ce mode de transport. En raison de cette situation, les accidents se produisirent d'innombrables, des dizaines de voyageurs étant souvent emportés vers la mort par des ponts bas. Ces vues étaient devenues si courantes qu'on n'y prêtait pratiquement aucune attention. En voyageant vers le sud et à notre retour, nous avons fréquemment été témoins de ces scènes. Les *meshotchniki* [gens avec des sacs] envahissaient constamment les voitures à la recherche de nourriture ou lorsqu'ils revenaient chargés de leur précieux fardeau de farine et de pommes de terre.

Jour et nuit, les scènes terribles se répétaient à chaque gare. Cela devenait une torture de voyager dans notre voiture bien équipée. Il ne contenait que six personnes, ce qui laissait beaucoup de place pour davantage ; pourtant il nous était interdit de le partager avec d'autres. Ce n'était pas seulement à cause du danger d'infection ou d'insectes, mais aussi parce que les effets du musée et le matériel collecté auraient sûrement disparu si nous avions laissé des étrangers monter à bord. Nous avons cherché à apaiser notre conscience en autorisant les femmes, les enfants ou les infirmes à voyager sur la plate-forme arrière de notre voiture, même si cela était contraire aux ordres.

Un autre élément qui nous a beaucoup inquiétés était l'inscription sur notre voiture qui disait : Commission extraordinaire du Musée de la Révolution. Nos amis du Musée nous avaient assuré que le « titre » nous aiderait à attirer l'attention dans les gares et serait également efficace pour attacher notre voiture aux trains dont nous avions besoin. Mais déjà les premiers jours prouvèrent que l'inscription éveillait un sentiment populaire contre nous. Le nom de « Commission Extraordinaire » signifiait pour le peuple la Tcheka. Ils ne prêtèrent aucune attention aux autres mots, terrorisés par le premier. Au début du voyage, nous avons remarqué les regards sinistres qui nous rencontraient dans les gares et la réticence des gens à engager une conversation amicale. Bientôt, nous avons compris ce qui n'allait pas ; mais il a fallu des efforts considérables pour expliquer le malentendu. Une fois mis à l'aise, le simple Russe nous a ouvert son cœur. Un mot gentil, une demande solennelle, une cigarette, changeèrent son attitude. Surtout lorsqu'on leur assurait que nous n'étions pas communistes et que nous venions d'Amérique, les gens le long de la route s'adoucissaient et devenaient plus bavards, parfois même confidentiels. Ils étaient rudimentaires et primitifs, souvent rudimentaires. Mais aussi analphabètes et sous-développés soient-ils, ces gens simples connaissaient clairement leurs besoins. Ils étaient intacts et possédaient une foi profonde dans la justice élémentaire et l'égalité. J'ai souvent été ému jusqu'aux larmes par ces paysans et paysannes russes accrochés aux marches du train en marche, à chaque instant en danger de mort, tout en restant de bonne humeur et indifférents à leur misérable condition. Ils échangeaient des histoires de leur vie ou parfois éclataient dans les chants mélodieux et tristes du sud. Dans les gares, pendant que le train attendait une locomotive, les paysans se rassemblaient en groupes, formaient un grand cercle, puis quelqu'un se mettait à jouer de l'accordéon, les passants accompagnant de chants. C'était étrange de voir ces paysans affamés et en haillons, d'énormes fardeaux sur le dos, debout, complètement oublieux de leur environnement, s'épanchant de tout leur cœur dans des chansons folkloriques. Peuple particulier, ces Russes, saint et diable à la fois, manifestant les impulsions les plus hautes comme les plus brutales, capables de presque tout sauf d'un effort soutenu. Je me suis souvent demandé si ce manque n'expliquait pas dans une certaine mesure la désorganisation du pays et la situation tragique de la Révolution.

Nous sommes arrivés à Poltava dans la matinée. La ville paraissait joyeuse sous la lumière du soleil, avec ses rues bordées d'arbres et de petits jardins entre elles. Des légumes d'une grande variété y poussaient, et il était rafraîchissant de constater qu'il n'y avait aucune clôture et que les légumes étaient toujours en sécurité, ce qui n'aurait sûrement pas été le cas à Petrograd ou à Moscou. Apparemment, il n'y avait pas autant de faim dans cette ville que dans le nord.

Avec le secrétaire de l'expédition, j'ai visité le siège du gouvernement. Au lieu de l'habituel *Ispolkom* [Comité exécutif du soviet] Poltava était dirigée par un comité révolutionnaire connu sous le nom de *Revkom*. Cela indiquait que les bolcheviks n'avaient pas encore eu le temps d'organiser un soviet dans la ville. Nous avons réussi à intéresser le président du *Revkom* au but de notre voyage et il a promis de coopérer et de donner l' ordre aux différents départements de rassembler et de préparer du matériel pour nous. Notre aimable accueil augurait de bons retours.

Au Bureau des soins maternels et infantiles, j'ai rencontré deux femmes très intéressantes : l'une est la fille du grand écrivain russe Korolenko, l'autre est l'ancienne présidente de la Société Save-the-Children. Apprenant le but de ma présence à Poltava, les femmes m'ont proposé leur aide et m'ont invité à visiter leur école et la maison voisine de Korolenko.

L'école était située dans une petite maison située au fond d'un beau jardin, l'endroit à peine visible de la rue. La salle de réception contenait une riche collection de poupées de toutes sortes. Il y avait de belles filles ukrainiennes, en compétition avec des robes et des couvre-chefs colorés avec leurs belles sœurs du Caucase ; Les fringants cosaques du Don regardaient fièrement leurs frères moins gracieux de la Volga. Il y avait des poupées de toutes sortes, représentant les costumes locaux de presque toutes les régions de la Russie. La collection contenait également divers jouets, l'artisanat des villages et de beaux dessins de la manufacture *kustarny*, représentant des groupes d'enfants en tenue paysanne russe et sibérienne.

Les dames de la maison ont raconté l'histoire de la Save-the-Children Society. L'organisation qui a existé pendant plusieurs années a eu une portée très limitée jusqu'à la Révolution de Février. Puis de nouveaux éléments, principalement de type révolutionnaire, rejoignirent la société. Ils s'efforcent d'étendre son action et d'assurer non seulement le bien-être physique des enfants mais aussi de les éduquer, de leur apprendre à aimer le travail et à développer leur appréciation de la beauté. Des jouets et des poupées, fabriqués principalement à partir de déchets, ont été exposés et les bénéfices ont été affectés aux besoins des enfants. Après la Révolution d'Octobre, lorsque les bolcheviks s'emparèrent de Poltava, la société fut à plusieurs reprises perquisitionnée et certains instructeurs arrêtés, soupçonnés que l'institution était un nid contre-révolutionnaire. Le petit groupe qui restait a cependant continué ses efforts en faveur des enfants. Ils réussirent à envoyer une délégation à Lounatcharski pour demander l'autorisation de poursuivre leur travail. Lounatcharski s'est montré sympathique, a délivré le document demandé et leur a même fourni une lettre aux autorités locales, soulignant l'importance de leur travail.

Mais la société continue d'être victime de mécontentement et de discrimination. Pour éviter d'être accusées de sabotage, les femmes ont proposé leurs services au ministère de l'Éducation de Poltava. Là, ils travaillaient de neuf heures du matin à trois heures de l'après-midi, consacrant leur temps libre à leur école. Mais l'antagonisme des autorités communistes ne s'apaise pas : la société reste en défaveur.

Les femmes ont souligné que le gouvernement soviétique prétendait défendre l'autodétermination et pourtant, tout effort indépendant était discrédité et toute initiative découragée, voire entièrement supprimée. Même les communistes ukrainiens n'ont pas eu le droit à l'autodétermination. La majorité des chefs des départements étaient nommés par Moscou et l'Ukraine était pratiquement privée de la possibilité d'une action indépendante. Une lutte acharnée se déroulait entre le Parti communiste ukrainien et les autorités centrales de Moscou. La politique de ce dernier était de tout contrôler.

Les femmes étaient dévouées à la cause de leurs enfants et prêtes à subir des incompréhensions et même des persécutions pour le bien de leurs protégés. Tous deux avaient de la compréhension et de la sympathie pour la Révolution, même s'ils ne pouvaient pas approuver les méthodes terroristes des bolcheviks. C'étaient des gens intelligents et cultivés et je considérais leur maison comme une oasis dans le désert de la pensée et du sentiment communistes. Avant mon départ, les dames m'ont fourni une collection d'œuvres d'enfants et quelques dessins en couleurs exquis de Miss Korolenko, me suppliant d'envoyer ces objets en Amérique comme spécimens de leurs travaux. Ils étaient très désireux de faire connaître au peuple américain leur société et ses efforts.

Par la suite, j'ai eu l'occasion de rencontrer Korolenko qui était encore très affaibli par sa récente maladie. Il avait l'air du patriarche, vénérable et bienveillant ; il réchauffait vite le cœur par sa voix mélodieuse et son beau visage qui s'illuminait lorsqu'il parlait du peuple. Il faisait affectueusement référence à l'Amérique et à ses amis là-bas. Mais la lumière de ses yeux s'est éteinte et sa voix a tremblé de chagrin lorsqu'il a parlé de la grande tragédie de la Russie et des souffrances du peuple.

"Vous voulez connaître mon point de vue sur la situation actuelle et mon attitude envers les bolcheviks ?" Il a demandé. "Il serait trop long de vous en parler. J'écris à Lounatcharski une série de lettres qu'il avait demandées et qu'il a promis de publier. Ces lettres traitent de ce sujet. Franchement, je ne crois pas qu'elles le seront un jour. paraîtront sous forme imprimée, mais je vous enverrai une copie des lettres pour le Musée dès qu'elles seront complètes. Il y en aura six. Je peux vous en donner deux dès maintenant. Bref, mon opinion est résumée dans un certain passage de. dans une de ces lettres, j'y ai dit que si les gendarmes du Tsar avaient eu le pouvoir non seulement de nous arrêter mais aussi de nous fusiller, la situation aurait été comme celle-ci. C'est ce qui se passe sous mes yeux chaque jour. Les bolcheviks prétendent que de telles méthodes sont indissociables de la Révolution. Mais je ne peux pas être d'accord avec eux sur le fait que la persécution et les tirs constants serviront les intérêts du peuple ou de la Révolution. J'ai toujours pensé que la révolution signifiait l'expression la plus élevée de l'humanité et de la Révolution. de la justice. En Russie aujourd'hui, les deux sont absents. À une époque où la pleine expression et la coopération de toutes les forces intellectuelles et spirituelles sont nécessaires pour reconstruire le pays, un bâillon a été mis sur le peuple tout entier. Oser remettre en question la sagesse et l'efficacité de la soi-disant dictature du prolétariat ou des dirigeants du Parti communiste est considéré comme un crime. Il nous manque les conditions les plus simples de l'essence réelle d'une révolution sociale, et pourtant nous prétendons nous être placés à la tête d'une révolution mondiale. La pauvre Russie devra payer cher cette expérience. Cela pourrait même retarder pendant longtemps les changements fondamentaux dans d'autres pays. La bourgeoisie pourra défendre ses méthodes réactionnaires en pointant du doigt ce qui s'est passé en Russie. »

C'est le cœur lourd que j'ai pris congé de l'écrivain célèbre, l'un des derniers grands hommes de lettres qui fut la conscience et la voix spirituelle de la Russie intellectuelle. Je le sentis de nouveau pousser le cri de cette partie de l' *intelligentsia russe* dont les sympathies allaient entièrement au peuple et dont la vie et l'œuvre étaient inspirées uniquement par l'amour de leur pays et l'intérêt pour son bien-être.

Le soir, j'ai rendu visite à un parent de Korolenko, une vieille dame très sympathique qui était présidente de la Croix-Rouge politique de Poltava. Elle m'a raconté beaucoup de choses que Korolenko lui-même était trop modeste pour mentionner. Aussi vieux et faible soit-il, il passait la plupart de son temps dans la Tcheka, essayant de sauver la vie des condamnés à mort innocemment. Il écrivait fréquemment des lettres d'appel à Lénine, Gorki et Lounatcharski, les suppliant d'intervenir pour empêcher des exécutions insensées. L'actuel président de la Poltava Tcheka était un homme implacable et cruel. Sa seule solution à des problèmes difficiles était de tirer. La dame a souri tristement lorsque je lui ai dit que l'homme avait été très aimable envers les membres de notre expédition. "C'était pour le spectacle", dit-elle, "nous le connaissons mieux. Nous avons chaque jour l'occasion de voir sa gentillesse depuis ce balcon. Ici défilent les victimes emmenées à l'abattoir."

Poltava est célèbre comme centre de fabrication d'artisanat paysan. Le beau linge, la broderie, la dentelle et la vannerie faisaient partie des produits de l'industrie de la province. J'ai visité le Département de l'économie sociale, le *sovnarkhoz*, où j'ai appris que ces industries étaient pratiquement suspendues. Seule une petite collection est restée dans le département. "Nous approvisionnions le monde entier, même l'Amérique, avec notre travail *de kustarny* ", a déclaré la responsable, qui avait été à la tête du *Zemstvo* , qui était particulièrement fier de soutenir ces efforts paysans. "Notre travail d'aiguille était connu dans tout le pays comme l'un des plus beaux spécimens d'art, mais maintenant tout a été détruit. Les paysans ont perdu leur impulsion artistique, ils ont été brutalisés et corrompus." Elle déplorait la perte de l'art paysan comme une mère déplore celle de son enfant.

Durant notre séjour à Poltava, nous avons pris contact avec des représentants de divers autres éléments sociaux. La réaction des sionistes envers le régime bolchevique était particulièrement intéressante. Au début, ils refusèrent de nous parler, visiblement rendus très prudents par leur expérience antérieure. C'était aussi la présence de notre secrétaire, un gentil, qui éveillait leur méfiance. Je me suis arrangé pour rencontrer certains sionistes seuls, et peu à peu ils sont devenus plus confidentiels. J'avais appris à Moscou, à propos de l'arrestation des sionistes, que les bolcheviks étaient enclins à les considérer comme contre-révolutionnaires. Mais j'ai trouvé les sionistes de Poltava des juifs orthodoxes très simples qui ne pouvaient certainement pas impressionner qui que ce soit en les présentant comme des conspirateurs ou des ennemis actifs. Ils étaient passifs, quoique amers envers le régime bolchevique. On a prétendu que les bolcheviks n'avaient commis aucun pogrom et qu'ils ne persécutaient pas les Juifs, disaient-ils ; mais cela n'était vrai que dans un certain sens. Il y avait deux sortes de pogroms : les pogroms bruyants et violents et les pogroms silencieux. Des deux, les sionistes considéraient la première comme préférable. Le violent pogrom pouvait durer un jour ou une semaine ; les Juifs sont attaqués et volés, parfois même assassinés ; et puis c'est fini. Mais les pogroms silencieux se poursuivaient tout le temps. Ils consistaient en une discrimination, une persécution et un harcèlement constants. Les bolcheviks avaient fermé les hôpitaux juifs et les juifs malades étaient désormais obligés de manger *du treife* dans les hôpitaux païens. La même chose s'appliquait aux enfants juifs dans les mangeoires bolcheviques. Si un Juif et un Gentil étaient arrêtés pour la même accusation, il était certain que le Gentil serait libéré tandis que le Juif serait envoyé en prison et parfois même fusillé. Ils étaient constamment exposés aux insultes et aux indignités, sans parler du fait qu'ils étaient voués à une lente famine, puisque tout commerce avait été supprimé. Les Juifs d'Ukraine subissaient un pogrom silencieux et continu.

J'avais le sentiment que la critique sioniste du régime bolchevique était inspirée par une attitude religieuse et nationaliste étroite. Il s'agissait de juifs orthodoxes, pour la plupart des commerçants que la Révolution avait privés de leur sphère d'activité. Néanmoins, leur problème était réel : le problème du Juif étouffant dans une atmosphère d'antisémitisme actif. A Poltava, les principaux responsables communistes et bolcheviques étaient des Gentils.

Leur aversion pour les Juifs était franche et ouverte. L'antisémitisme dans toute l'Ukraine était plus virulent qu'à l'époque pré-révolutionnaire.

Après avoir quitté Poltava, nous avons continué notre route vers le sud, mais nous n'avons pas dépassé Fastov, faute de moteurs. Cette ville, autrefois prospère, était désormais appauvrie et réduite à moins d'un tiers de sa population d'antan. Presque toute l'activité était à l'arrêt. Nous trouvâmes la place du marché, au centre de la ville, une affaire des plus insignifiantes, composée de quelques étals contenant de petites provisions de farine blanche, de sucre et de beurre. Il y avait plus de femmes que d'hommes, et j'ai été particulièrement frappé par l'expression étrange de leurs yeux. Ils ne vous ont pas regardé en face ; ils vous regardaient avec une expression bête et animale traquée. Nous avons dit aux femmes que nous avions entendu dire que de nombreux pogroms terribles avaient eu lieu à Fastov et que nous souhaitions obtenir des données à ce sujet qui seraient envoyées en Amérique pour éclairer les gens là-bas sur la condition des Juifs ukrainiens. Tandis que la nouvelle de notre présence se répandait, de nombreuses femmes et enfants nous entouraient, tous très excités et chacun essayant de raconter son histoire des horreurs de Fastov. Des pogroms effroyables, racontaient-ils, avaient eu lieu dans cette ville, le plus terrible d'entre eux étant celui de Dénikine, en septembre 1919. Ils durent huit jours, au cours desquels 4 000 personnes furent tuées, tandis que plusieurs milliers moururent des suites de blessures et de choc. Sept mille personnes ont péri de faim et de froid sur la route de Kiev, alors qu'elles tentaient d'échapper aux sauvages de Dénikine. La plus grande partie de la ville avait été détruite ou incendiée ; De nombreux Juifs plus âgés ont été piégés dans la synagogue et y ont été assassinés, tandis que d'autres ont été conduits sur la place publique où ils ont été massacrés. Pas une femme, jeune ou vieille, qui n'ait été indignée, la plupart aux yeux mêmes de leurs pères, maris et frères. Les jeunes filles, dont certaines étaient de simples enfants, avaient subi des violations répétées de la part des soldats de Dénikine. J'ai compris le regard effroyable des femmes de Fastov.

Des hommes et des femmes nous ont assiégés d'appels pour informer leurs proches en Amérique de leur misérable condition. Il semblait que presque tout le monde avait des parents dans ce pays. Le soir, ils se pressaient dans notre voiture, apportant des dizaines de lettres à expédier aux États-Unis. Certains messages ne portaient aucune adresse, les gens simples estimant que le nom suffisait. D'autres n'avaient pas eu de nouvelles de leurs homologues américains pendant les années de guerre et de révolution, mais espéraient toujours qu'ils se trouveraient quelque part de l'autre côté de l'océan. Il était touchant de voir la foi profonde des gens dans la capacité de leurs proches en Amérique à les sauver.

Chaque soir, notre voiture était remplie des malheureux de Fastov. Parmi eux se trouvait un visiteur particulièrement intéressant, un ancien avocat, qui avait bravé à plusieurs reprises les auteurs de pogroms et sauvé de nombreuses vies juives. Il avait tenu un journal des pogroms et nous avons passé une soirée entière à écouter la lecture de son manuscrit. C'était un simple récit de faits et de dates, terrible par son objectivité sans fioritures. C'était le cri de l'âme d'un peuple continuellement violé et torturé et vivant quotidiennement dans la peur de nouvelles indignités et outrages. Il n'y avait qu'un seul point positif dans ce tableau horrible : aucun pogrom n'avait eu lieu sous les bolcheviks. La gratitude des Juifs de Fastov était pathétique. Ils s'accrochaient aux communistes comme à une goutte d'eau salvatrice. Il était encourageant de penser que le régime bolchevique était au moins à l'abri de la pire de toutes les malédictions russes : les pogroms contre les Juifs.

CHAPITRE XXI
KIEV

En raison des nombreuses difficultés et retards, le voyage de Fastov à Kiev a duré six jours et a été un cauchemar continu. La situation ferroviaire était épouvantable. À chaque gare, des dizaines de wagons de marchandises encombraient les lignes. Ils n'étaient pas non plus chargés de provisions pour nourrir les villes affamées ; ils étaient densément remplis d'une cargaison humaine parmi laquelle les malades représentaient un pourcentage important. Tout au long du parcours, les salles d'attente et les quais étaient remplis de foule, débraillés et sales. Les scènes nocturnes étaient encore plus horribles. Partout des masses de gens désespérés, criant et luttant pour prendre pied dans le train. Ils ressemblaient aux damnés de l'Enfer de Dante, leurs visages gris cendrés dans la pénombre, se battant tous frénétiquement pour une place. De temps en temps, un cri d'agonie retentissait dans la nuit et le train déjà en marche s'arrêtait : quelqu'un avait été jeté à mort sous les roues.

Ce fut un soulagement d'atteindre Kiev. Nous nous attendions à trouver la ville presque en ruines, mais nous avons été agréablement déçus. Lorsque nous avons quitté Petrograd, la presse soviétique contenait de nombreux récits de vandalisme commis par les Polonais avant d'évacuer Kiev. Ils avaient presque démoli la célèbre cathédrale antique de la ville, écrivaient les journaux, détruit les usines d'adduction d'eau et les centrales électriques et incendié plusieurs quartiers de la ville. Tchicherine et Lounatcharski ont lancé des appels passionnés aux peuples cultivés du monde pour protester contre une telle barbarie. Le crime des Polonais contre l'art était comparé à celui commis par les Allemands à Reims, dont la célèbre cathédrale avait été endommagée par l'artillerie prussienne. Nous avons donc été très surpris de trouver Kiev dans un état encore meilleur que Petrograd. En fait, la ville n'a que très peu souffert, compte tenu des nombreux changements de gouvernement et des opérations militaires qui l'ont accompagné. Il est vrai que certains ponts et voies ferrées ont explosé à la périphérie de la ville, mais Kiev elle-même est presque indemne. Les gens nous regardaient avec étonnement lorsque nous nous enquérions de l'état de la cathédrale : ils n'avaient pas entendu le rapport de Moscou.

Contrairement à notre accueil à Kharkov et Poltava, Kiev s'est avérée décevante. Le secrétaire de l'*Ispolkom* n'était pas très aimable et ne paraissait pas du tout impressionné par la signature de Zinoviev sur nos lettres de créance. Notre secrétaire réussit à voir le président du Comité exécutif, mais revint très découragée : ce haut fonctionnaire était trop impatient pour écouter ses représentations. Il était occupé, disait-il, et ne pouvait être dérangé. Il a été décidé que je tenterais ma chance en tant qu'Américain, de sorte que le président a finalement accepté de nous donner accès au matériel disponible. C'était une triste réflexion sur l'ironie de la vie. L'Amérique était de mèche avec l'impérialisme mondial pour affamer et écraser la Russie. Il suffisait pourtant de mentionner qu'on venait d' Amérique pour trouver la clé de tout ce qui est russe. C'était pathétique et plutôt déplaisant d'utiliser cette clé.

À Kiev, l'antagonisme contre le communisme était intense, même les bolcheviks locaux étaient amers contre Moscou. Il était hors de question pour quiconque venant du « centre » d'obtenir sa coopération s'il n'était pas armé des pouvoirs de l'État. Les employés du gouvernement dans les institutions soviétiques ne s'intéressaient à rien d'autre qu'à leurs rations. L'indifférence et l'incompétence bureaucratiques en Ukraine étaient encore pires qu'à Moscou et étaient renforcées par un ressentiment nationaliste contre les « Russes ». Cela était également vrai pour Kharkov et Poltava, quoique dans une moindre mesure. Ici, l'atmosphère même était chargée de méfiance et de haine envers tout ce qui est moscovite. La tromperie exercée à notre égard par le président du Département de l'éducation de Kharkov était caractéristique du ressentiment que presque tous les responsables ukrainiens éprouvaient à l'égard de Moscou. Le président était Ukrainien dans l'âme, mais il ne pouvait ignorer ouvertement nos lettres de créance signées par Zinoviev et Lounatcharski. Il a promis de nous aider dans nos efforts, mais il n'aimait pas l'idée que Petrograd « absorbe » le matériel historique de l'Ukraine. A Kiev, aucune tentative n'a été faite pour masquer l'opposition à Moscou. On le ressentait partout. Mais dès que le mot magique « Amérique » fut prononcé et que les gens comprirent qu'on n'était pas communiste, ils devinrent intéressés et courtois, voire confidentiels. Les communistes ukrainiens ne faisaient pas exception non plus.

Les informations et documents recueillis à Kiev étaient du même caractère que les données recueillies dans les villes précédentes. Le système d'éducation, les soins aux malades, la répartition du travail, etc. étaient semblables au projet bolchevique général. "Nous suivons le plan de Moscou", a déclaré un professeur ukrainien, "à la seule différence que dans nos écoles, la langue ukrainienne est enseignée en même temps que le russe". Les gens, et surtout les enfants, semblaient mieux nourris et mieux habillés que ceux de la Russie proprement dite : la nourriture était comparativement plus abondante et moins chère. Il y avait des écoles-spectacles comme à Petrograd et à Moscou, et personne ne semblait se rendre compte de l'effet corrupteur d'une telle discrimination sur les enseignants comme sur les enfants. Ces derniers regardaient avec envie les élèves des écoles favorisées et croyaient qu'elles étaient réservées aux enfants communistes, ce qui n'était en réalité pas le cas. Les enseignants, en revanche, sachant le peu d'attention accordée aux écoles ordinaires, ont été négligents dans leur travail. Tous essayaient d'obtenir une place dans les écoles de spectacle qui bénéficiaient de rations spéciales et variées.

Le président du Conseil de santé était un homme alerte et compétent, l'un des rares fonctionnaires de Kiev à s'intéresser à l'expédition et à son travail. Il a consacré beaucoup de temps à nous expliquer les méthodes de son organisation et à nous indiquer les lieux intéressants à visiter et le matériel qui pourrait être collecté pour le Musée. Il a particulièrement attiré notre attention sur l'hôpital juif pour enfants infirmes.

J'ai trouvé ce dernier à la tête d'un homme cultivé et charmant, le docteur N.... Il dirigeait l'hôpital depuis vingt ans et il était intéressé et fier de nous faire découvrir son institution et de nous raconter son histoire.

L'hôpital était autrefois l'un des plus célèbres de Russie, fierté des Juifs locaux qui l'avaient construit et entretenu. Mais ces dernières années, son utilité a été réduite en raison des fréquents changements de gouvernement. Elle a été exposée à des persécutions et à des pogroms répétés. Les patients juifs gravement malades étaient souvent forcés de quitter leur lit pour laisser la place aux favoris de tel ou tel régime. Les officiers de l'armée de Dénikine se sont montrés des plus brutaux. Ils ont chassé les patients juifs dans la rue, les ont soumis à des indignités et à des abus et les auraient tués sans l'intercession du personnel hospitalier qui, au péril de leur propre vie, protégeait les malades. Ce n'est que le fait que la majorité du personnel était composée de Gentils qui a sauvé l'hôpital et ses détenus. Mais le choc a entraîné de nombreux décès et de nombreux patients se sont retrouvés avec les nerfs brisés.

Le médecin m'a également raconté l'histoire de certains patients, pour la plupart victimes des pogroms de Fastov. Parmi eux se trouvaient des enfants âgés de six à huit ans, décharnés et maladifs, la terreur imprimée sur leurs visages. Ils avaient perdu tous leurs proches, dans certains cas toute la famille ayant été tuée sous leurs yeux. Ces enfants se réveillaient souvent la nuit, disait le médecin, effrayés par leurs horribles rêves. On faisait tout ce qui était possible pour eux, mais jusqu'ici les malheureux enfants n'étaient pas libérés du souvenir de leurs terribles expériences à Fastov. Le médecin a désigné un groupe de jeunes filles âgées de quatorze à dix-huit ans, les pires victimes du pogrom de Dénikine. Tous avaient été indignés à plusieurs reprises et étaient mutilés lorsqu'ils sont arrivés à l'hôpital ; il faudrait des années pour les rétablir. Le médecin a souligné qu'aucun pogrom n'avait eu lieu sous le régime bolchevique. Ce fut un grand soulagement pour lui et son équipe de savoir que ses patients ne couraient plus autant de danger. Mais l'hôpital a eu d'autres difficultés. Il y avait l'ingérence constante des commissaires politiques et la lutte quotidienne pour les approvisionnements. "Je passe la plupart de mon temps dans les différents bureaux", a-t-il déclaré, "au lieu de me consacrer à mes patients. Des fonctionnaires ignorants se voient confier le pouvoir sur la profession médicale et harcèlent continuellement les médecins dans leur travail". Le médecin lui-même avait été arrêté à plusieurs reprises pour sabotage en raison de son incapacité à se conformer aux nombreux décrets et ordres, souvent contradictoires. C'était le résultat d'un système dans lequel l'utilité politique plutôt que le mérite professionnel jouait le rôle principal. Il arrivait souvent qu'un médecin de premier ordre, jouissant d'une grande réputation et d'une longue expérience, soit soudainement envoyé dans une région éloignée pour lui substituer un médecin communiste. Dans de telles conditions, les meilleurs efforts furent paralysés. De plus, il y avait une suspicion générale à l'égard de l' *intelligentsia* , ce qui était un facteur démoralisant. Il est vrai que beaucoup de membres de cette classe ont saboté, mais il y a aussi ceux qui accomplissent un travail héroïque et dévoué. Les bolcheviks, par leur antagonisme aveugle à l'égard de l' *intelligentsia* en tant que classe, ont suscité des préjugés et des passions qui ont empoisonné les ressorts de la vie culturelle du pays. L' *intelligentsia russe* a fécondé par son sang le sol de la Révolution, mais il ne lui a pas été donné de récolter les fruits de sa longue lutte. « Destin tragique », remarqua le docteur ; "à moins qu'on ne l'oublie dans son œuvre, l'existence serait impossible."

L'institution pour enfants infirmes s'est avérée un hôpital très modèle et moderne, situé au cœur d'un grand parc. Il était consacré aux créatures gâtées, aux membres tordus et aux corps déformés, victimes de la grande guerre, de la maladie et de la famine. Les enfants avaient l'air vieux et flétris ; comme Father Time, ils étaient nés vieux. Ils gisaient en rangées sur des lits blancs et propres, cuisant sous le chaud soleil de l'été ukrainien. Le médecin-chef, qui nous a guidés à travers l'établissement, semblait très apprécié de ses petits soins. Ils étaient impatients et heureux de le voir alors qu'il s'approchait de chaque enfant sans défense et se penchait affectueusement pour s'enquérir de sa santé. L'hôpital existait depuis de nombreuses années et était considéré comme le premier du genre en Russie. Son équipement pour le soin des enfants difformes et infirmes était parmi les plus modernes. « Depuis la guerre et la Révolution, nous nous sentons un peu dépassés, dit le médecin ; "Nous avons été coupés du monde civilisé pendant tant d'années. Mais malgré les différents changements de gouvernement, nous nous sommes efforcés de maintenir nos normes et d'aider les malheureuses victimes des conflits et des maladies." Les fournitures pour l'institution étaient fournies par le gouvernement et le personnel hospitalier ne faisait l'objet d'aucune ingérence, même si j'ai compris du médecin qu'en raison de sa neutralité politique, il était considéré par les bolcheviks comme enclin à la contre-révolution.

L'hôpital contenait un grand nombre d'enfants ; certains de ceux qui pouvaient se promener étudiaient la musique et les arts, et nous avons eu l'occasion d'assister à un concert informel organisé par les enfants et leurs professeurs en notre honneur. Certains d'entre eux jouaient de la *balalaïka* d'une manière très artistique, et il était réconfortant de voir ces enfants gâtés trouver l'oubli au rythme des mélodies folkloriques de l'Ukraine.

Au début de notre séjour à Kiev, nous avons appris que le matériel le plus précieux pour le Musée ne se trouvait pas dans les institutions soviétiques, mais qu'il était en possession d'autres groupes politiques et de particuliers. Les meilleures informations statistiques sur les pogroms, par exemple, étaient entre les mains d'un ancien ministre du régime de la Rada en Ukraine. J'ai réussi à localiser l'homme et ma grande surprise a été lorsque, après avoir appris mon identité, il m'a présenté plusieurs exemplaires du magazine *Mother Earth* que j'avais publié en Amérique. L'ancien ministre a organisé une petite réunion à laquelle ont été invités des écrivains, des poètes et des hommes actifs dans la *Kulturliga juive* pour rencontrer plusieurs membres de notre expédition. Le rassemblement était composé des meilleurs éléments de l' *intelligentsia* juive locale . Nous avons discuté de la Révolution, des méthodes bolcheviques et du problème juif. La plupart des personnes présentes, bien qu'opposées aux théories communistes, étaient favorables au gouvernement soviétique. Ils avaient le sentiment que les bolcheviks, malgré leurs nombreuses erreurs, s'efforçaient de promouvoir les intérêts de la Russie et de la Révolution. En tout cas, sous le régime communiste, les Juifs n'étaient pas exposés aux pogroms que pratiquaient à leur encontre tous les autres régimes ukrainiens. Ces intellectuels juifs affirmaient que les bolcheviks permettaient au moins aux Juifs de vivre et qu'ils devaient donc être préférés à tout autre gouvernement et devraient être soutenus par les Juifs. Ils craignaient la montée de l'antisémitisme en Russie et étaient horrifiés par la possibilité d'un renversement des bolcheviks. Un massacre massif des Juifs suivrait sans aucun doute, pensaient-ils.

Certains parmi les plus jeunes avaient un point de vue différent. Le régime bolchevique avait entraîné une haine accrue envers les Juifs, disaient-ils, car les masses avaient l'impression que la plupart des communistes étaient juifs. Le communisme représentait la collecte forcée des impôts, les expéditions punitives et la Tcheka. L'opposition populaire aux communistes s'exprimait donc par la haine de toute la race juive. Ainsi, la tyrannie bolchevique avait alimenté l'antisémitisme latent de l'Ukraine. De plus, pour prouver qu'ils ne pratiquaient aucune discrimination en faveur des Juifs, les bolcheviks étaient allés à l'autre extrême et arrêtaient et punissaient fréquemment les Juifs pour des choses que les Gentils pouvaient faire en toute impunité. Les bolcheviks ont également encouragé et financé le travail culturel dans le sud en langue ukrainienne, tout en décourageant de tels efforts en langue juive. Il est vrai que la *Kulturliga* est toujours autorisée à exister, mais son travail est entravé à chaque étape. En bref, les bolcheviks ont permis aux Juifs de vivre, mais seulement au sens physique. Culturellement, ils étaient condamnés à mort. La *Yevkom* (Section communiste juive) recevait, bien sûr, tous les avantages et tous les soutiens du gouvernement, mais sa mission était alors de porter l'évangile de la dictature du prolétariat aux Juifs d'Ukraine. Il est significatif que l' *Evkom* soit plus antisémite que les Ukrainiens eux-mêmes. S'il en avait le pouvoir, il pogromerait toutes les organisations juives non communistes et détruirait tous les efforts éducatifs juifs. Ces jeunes éléments ont souligné qu'ils n'étaient pas favorables au renversement du gouvernement bolchevique ; mais ils ne pouvaient pas non plus le soutenir.

J'avais le sentiment que les deux factions juives avaient une vision purement nationaliste de la situation russe. Je pouvais très bien comprendre leur attitude personnelle, résultat de leurs propres souffrances et de la persécution de la race juive. Pourtant, ma principale préoccupation était la Révolution et ses effets sur la Russie *dans son ensemble* . Le soutien ou non des bolcheviks ne pouvait pas dépendre uniquement de leur attitude à l'égard des Juifs et de la question juive. Cette dernière question constitue certainement une question très vitale et urgente, notamment en Ukraine ; mais le problème général en cause était bien plus grave. Elle prévoyait l'émancipation économique et sociale complète de l'ensemble du peuple russe, y compris les Juifs. Si les méthodes et pratiques bolcheviques ne leur étaient pas imposées par la force des circonstances, si elles étaient conditionnées par leurs propres théories et principes, et si leur seul objectif était d'assurer leur propre pouvoir, je ne pourrais pas les soutenir. Ils étaient peut-être innocents des pogroms contre les Juifs, mais s'ils pogromaient toute la Russie, alors ils avaient échoué dans leur mission de parti révolutionnaire. Je n'étais pas prêt à dire que j'avais atteint une compréhension claire de tous les problèmes impliqués, mais mon expérience jusqu'à présent m'a amené à penser que c'était la conception bolchevique fondamentale de la Révolution qui était fausse, son application pratique entraînant nécessairement le grand Catastrophe russe dont la tragédie juive n'est qu'une partie mineure.

Mon hôte et ses amis ne pouvaient pas partager mon point de vue : nous représentions des camps opposés. Mais la rencontre était néanmoins extrêmement intéressante et il fut convenu que nous nous reverrons avant notre départ de la ville.

Un jour, en revenant à notre voiture, j'ai vu un détachement de soldats de l'Armée rouge à la gare. Après enquête, j'appris que des délégués étrangers étaient attendus de Moscou et que les soldats avaient reçu l'ordre de participer à une manifestation en leur honneur. Des groupes d'hommes en uniforme discutaient de l'arrivée de la mission. Il y a eu de nombreuses expressions de mécontentement parce que les soldats avaient attendu trop longtemps. "Ces gens viennent en Russie juste pour nous surveiller", a déclaré l'un des hommes de l'Armée rouge ; "Est-ce qu'ils savent quelque chose sur nous ou sont-ils intéressés par la façon dont nous vivons ? Pas eux. C'est un jour férié pour eux. Ils sont habillés et nourris par le gouvernement, mais ils ne nous parlent jamais et tout ce qu'ils voient, c'est comment nous passons devant nous. " Ici, nous traînons sous un soleil brûlant pendant des heures pendant que les délégués se régalent probablement dans une autre station. C'est pour vous de la camaraderie et de l'égalité ! "

J'avais déjà entendu de tels sentiments exprimés auparavant, mais c'était surprenant de les entendre de la part de soldats. J'ai pensé à Angelica Balabanova, qui accompagnait la mission italienne, et je me suis demandé ce qu'elle penserait si elle savait ce que ressentaient les hommes. Il ne lui était probablement jamais venu à l'esprit que ces « paysans russes ignorants » en uniforme militaire avaient fait abstraction de l'imposture des manifestations officielles.

Le lendemain, nous reçumes une invitation de Balabanova à assister à un banquet donné en l'honneur des délégués italiens. Soucieux de rencontrer les invités étrangers, plusieurs membres de notre Expédition ont accepté l'invitation.

L'affaire s'est déroulée dans l'ancien bâtiment de la Chambre de Commerce, abondamment décoré pour l'occasion. Dans la salle de banquet principale, de longues tables étaient lourdement chargées de fleurs fraîchement coupées, de plusieurs variétés de fruits du sud et de vin. Ce spectacle rappelait les fêtes de la vieille bourgeoisie, et je pouvais voir qu'Angélique se sentait plutôt mal à l'aise devant l'étalage somptueux d'argenterie et de richesses. Le banquet s'est ouvert avec les toasts habituels, les invités buvant à Lénine, Trotsky, l'Armée rouge et la Troisième Internationale, toute la compagnie se levant tandis que l'hymne révolutionnaire était entonné après chaque toast, les soldats et les officiers se tenant au garde-à-vous dans le bon vieux Style militaire.

Parmi les délégués se trouvaient deux jeunes anarcho-syndicalistes français. Ils avaient entendu parler de notre présence à Kiev et nous cherchaient toute la journée sans parvenir à nous localiser. Après le banquet, ils devaient immédiatement partir pour Petrograd, de sorte que nous n'avions que peu de temps à notre disposition. En nous rendant à la gare, les délégués racontèrent qu'ils avaient rassemblé de nombreux documents sur la Révolution qu'ils comptaient publier en France. Ils étaient devenus convaincus que tout n'allait pas bien dans le régime bolchevique : ils avaient compris que la dictature du prolétariat était aux mains exclusives du Parti communiste, tandis que le travailleur ordinaire était toujours aussi asservi. Leur intention, disaient-ils, était de parler franchement de ces questions à leurs camarades au pays et d'étayer leur attitude par les documents en leur possession. « Pensez-vous que les documents soient publiés ? » J'ai demandé à La Petit, l'un des délégués. "Vous ne voulez pas dire qu'on pourrait m'empêcher de prendre mes propres notes", répondit-il. "Les bolcheviks n'oseraient pas aller aussi loin, en tout cas pas avec des délégués étrangers." Il semblait si confiant que je n'ai pas voulu approfondir le sujet. Cette nuit-là, les délégués quittèrent Kiev et peu de temps après quittèrent la Russie. Ils n'ont jamais été revus vivants. Sans faire aucun commentaire sur leur disparition, je veux simplement mentionner que lorsque je suis revenu à Moscou quelques mois plus tard, on racontait généralement que les deux anarcho-syndicalistes, ainsi que plusieurs autres hommes qui les accompagnaient, avaient été surpris par une tempête quelque part au large de la côte. de Finlande, et se sont tous noyés. Il y avait des rumeurs d'actes criminels, même si je ne suis pas enclin à croire à cette histoire, surtout si l'on considère qu'avec les anarcho-syndicalistes a également péri un communiste en règle à Moscou. Mais leur disparition avec tous les documents qu'ils avaient rassemblés n'a jamais été expliquée de manière satisfaisante.

Les chambres attribuées aux membres de notre expédition étaient situées dans une maison située dans un *passage* menant au Kreschatik, la rue principale de Kiev. C'était autrefois le quartier résidentiel aisé de la ville et ses belles maisons, bien que récemment négligées, semblaient toujours imposantes. Le *passage* contenait également un certain nombre de boutiques, ruines d'une gloire passée, qui approvisionnaient les aisés du quartier. Ces magasins disposaient encore de bons stocks de légumes, de fruits, de lait et de beurre. Ils appartenaient pour la plupart à de vieux Juifs dont les énergies ne pouvaient être appliquées à aucune autre utilité – des Juifs orthodoxes pour qui la Révolution et les Bolcheviks étaient une *bête noire*, parce que cela avait « ruiné toutes les affaires ». Les petites boutiques permettaient à peine à leurs propriétaires d'exister ; de plus, ils étaient constamment menacés par les raids des Tcheka, au cours desquels les provisions étaient expropriées. L'apparence de ces magasins ne permettait pas de croire que le Gouvernement trouverait utile de les perquisitionner. "La Tchéka ne préférerait-elle pas confisquer les marchandises des grandes épiceries fines et fruitières du Kreschatik ?" J'ai demandé à un vieux commerçant juif. "Pas du tout", répondit-il; "Ces magasins sont à l'abri car ils paient de lourdes taxes."

Le matin suivant le banquet, je descendis à la petite épicerie où j'avais l'habitude de faire mes courses. L'endroit était fermé et je fus surpris de constater qu'aucune des petites boutiques des environs n'était ouverte. Deux jours plus tard, j'appris que les lieux avaient tous été perquisitionnés la veille du banquet pour régaler les délégués étrangers. Je me suis promis de ne plus jamais assister à un autre banquet bolchevique.

Parmi les membres de la *Kulturliga,* j'ai rencontré un homme qui vivait en Amérique, mais qui vivait depuis plusieurs années avec sa famille à Kiev. Sa maison s'est avérée l'une des plus hospitalières de mon séjour dans le sud et, comme il recevait de nombreuses visites appartenant à diverses classes sociales, j'ai pu recueillir de nombreuses informations sur l'histoire récente de l'Ukraine. Mon hôte n'était pas communiste : bien que critique à l'égard du régime bolchevique, il n'était en aucun cas hostile. Il disait que le principal défaut des bolcheviks était leur manque de perception psychologique. Il affirmait qu'aucun gouvernement n'avait jamais eu une aussi grande opportunité en Ukraine que les communistes. Le peuple avait tellement souffert des diverses occupations et était tellement opprimé par chaque nouveau régime qu'il se réjouissait lorsque les bolcheviks entraient à Kiev. Tout le monde espérait qu'ils apporteraient un soulagement. Mais les communistes ont rapidement détruit toutes les illusions. En quelques mois, ils se montrèrent totalement incapables d'administrer les affaires de la ville ; leurs méthodes irritèrent le peuple et le terrorisme de la Tchéka poussa même les amis des communistes à une haine amère. Personne ne s'est opposé à la nationalisation de l'industrie et on s'attendait bien sûr à ce que les bolcheviks exproprient. Mais lorsque la bourgeoisie fut dépossédée de ses possessions, on s'aperçut que seuls les pillards en bénéficiaient. Ni le peuple dans son ensemble, ni même la classe prolétarienne n'y ont gagné quoi que ce soit. Bijoux précieux, argenterie, fourrures, pratiquement toutes les richesses de Kiev semblaient disparaître et on n'en entendait plus parler. Plus tard, les membres de la Tchéka se pavanaient dans les rues avec leurs femmes vêtues des plus beaux atours de la bourgeoisie. Lorsque les établissements privés étaient fermés, les portes étaient verrouillées et scellées et des gardes y étaient placés. Mais au bout de quelques semaines, les magasins se sont révélés vides. Ce genre de « gestion » et les nombreuses nouvelles lois et édits, souvent contradictoires, servaient de prétexte à la Tcheka pour terroriser et harceler les citoyens et excitaient la haine générale contre les bolcheviks. Le peuple s'était retourné contre Petloura, Dénikine et les Polonais. Ils accueillirent les bolcheviks à bras ouverts. Mais ce dernier les déçut comme le premier.

"Maintenant que nous nous sommes habitués à la situation", a déclaré mon hôte, "nous nous contentons de dériver et de nous débrouiller du mieux que nous pouvons". Mais il trouvait dommage que les bolcheviks aient perdu une si grande chance. Ils ont été incapables de conserver la confiance du peuple et de diriger cette confiance vers des voies constructives. Non seulement les bolcheviks n'ont pas réussi à faire fonctionner les grandes industries, mais ils ont également détruit les petites entreprises *kustarnaya* . Il y avait par exemple des milliers d'artisans dans la province de Kiev ; la plupart d'entre eux avaient travaillé seuls, sans exploiter personne. C'étaient des producteurs indépendants qui répondaient à un certain besoin de la communauté. Les bolcheviks, dans leur projet imprudent de nationalisation, ont suspendu ces efforts sans pouvoir les remplacer par quoi que ce soit d'autre. Ils n'avaient rien à donner ni aux ouvriers ni aux paysans. Le prolétariat urbain était confronté à l'alternative : mourir de faim en ville ou retourner à la campagne.

Bien sûr, ils préféraient cette dernière solution. Ceux qui ne pouvaient pas se rendre dans le pays se livraient au commerce, achetant et vendant des bijoux, par exemple. Presque tout le monde en Russie était devenu commerçant, le gouvernement bolchevique tout autant que les spéculateurs privés. « Vous n'avez aucune idée de l'ampleur des affaires illicites menées par les fonctionnaires des institutions soviétiques », m'a informé mon hôte ; "L'armée n'en est pas non plus à l'abri. Mon neveu, officier de l'Armée rouge, communiste, revient tout juste du front polonais. Il pourra vous parler de ces pratiques dans l'armée."

J'avais particulièrement hâte de parler au jeune officier. Au cours de mes voyages, j'avais rencontré de nombreux soldats et j'avais constaté que la plupart d'entre eux avaient conservé la vieille psychologie d'esclave et se soumettaient absolument à la discipline militaire. Certains, cependant, étaient très éveillés et pouvaient voir clairement ce qui se passait autour d'eux. Un certain petit élément de l'Armée rouge a été entièrement transformé par la Révolution. C'était la preuve de la gestation d'une nouvelle vie et de nouvelles formes qui distinguaient la Russie du reste du monde, malgré la tyrannie et l'oppression bolcheviques. Pour cet élément, la Révolution avait une signification profonde. Ils y voyaient quelque chose de vital que même les décrets quotidiens ne pouvaient enfermer dans le moule étroit du communisme. Leur attitude et leur sentiment général étaient que les bolcheviks n'avaient pas gardé confiance dans le peuple. Ils voyaient l'État communiste se développer aux dépens de la Révolution, et certains d'entre eux allaient même jusqu'à exprimer l'opinion que les bolcheviks étaient devenus les ennemis de la Révolution. Mais ils sentaient tous que, pour le moment, ils ne pouvaient rien faire. Ils étaient déterminés à se débarrasser d'abord des ennemis étrangers. "Alors", disaient-ils, "nous affronterons l'ennemi chez nous".

L'officier de l'Armée rouge s'est révélé être un jeune homme d'une belle apparence et très sérieux. Au début, il n'était pas enclin à parler, mais au cours de la soirée, il devint moins gêné et exprima librement ses sentiments. Il a constaté beaucoup de corruption au front, a-t-il déclaré. Mais c'était encore pire à la base de ravitaillement où il exerçait son service depuis quelque temps. Les hommes au front étaient pratiquement sans vêtements ni chaussures. La nourriture était insuffisante et l'armée était ravagée par la typhoïde et le choléra. Pourtant, l'esprit des hommes était merveilleux. Ils se sont battus avec courage et enthousiasme parce qu'ils croyaient en leur idéal d'une Russie libre. Mais pendant qu'ils combattaient et mouraient pour la grande cause, les officiers supérieurs, les soi-disant *tovaristchi*, se retiraient en toute sécurité et buvaient et jouaient et s'enrichissaient grâce à la spéculation. Les fournitures dont le front avait désespérément besoin étaient vendues à des prix fabuleux aux spéculateurs.

Le jeune officier était tellement découragé par la situation qu'il avait pensé à se suicider. Mais il était désormais déterminé à retourner au front. « Je vais y retourner et raconter à mes camarades ce que j'ai vu », dit-il ; "Notre véritable travail commencera lorsque nous aurons vaincu l'invasion étrangère. Ensuite, nous nous attaquerons à ceux qui troquent la Révolution."

Je pensais qu'il n'y avait aucune raison de désespérer tant que la Russie possédait de tels esprits.

Je suis retourné dans ma chambre pour trouver notre secrétaire attendant de rapporter la précieuse découverte qu'elle avait faite. Il s'agissait d'un riche matériel de Dénikine empilé dans la bibliothèque municipale et apparemment oublié de tous. Le bibliothécaire, un nationaliste ukrainien zélé, a refusé que le Musée « russe » prenne le matériel, alors qu'il n'était d'aucune utilité à Kiev, littéralement enterré dans un coin obscur et exposé au danger et à la ruine. Nous avons décidé de faire appel au ministère de l'Éducation et d'appliquer « l'amulette américaine ». C'est devenu une plaisanterie parmi les membres de l'Expédition de recourir à « l'amulette » dans des situations difficiles. De telles questions ont toujours été évoquées par Alexander Berkman et par moi-même sous le nom d'« Américains ».

Il a fallu beaucoup de persuasion pour intéresser le président à la question. Il a persisté à refuser jusqu'à ce que je lui demande finalement : « Acceptez-vous que l'on sache en Amérique que vous préférez laisser pourrir à Kiev des documents historiques de valeur plutôt que de les donner au Musée de Petrograd, qui deviendra certainement un centre mondial de l'art ? l'étude de la révolution russe et de la place que l'Ukraine doit jouer dans son rôle si important ? » Finalement, le président donna l'ordre requis et notre expédition prit possession du matériel, à la grande joie de notre secrétaire, pour qui le Musée représentait l'intérêt le plus important de la vie.

Dans l'après-midi du même jour, je reçus la visite d'une femme anarchiste accompagnée d'une jeune paysanne, présentée confidentiellement comme l'épouse de Makhno. Mon cœur s'est arrêté un instant : la présence de cette jeune fille à Kiev signifiait une mort certaine si elle était découverte par les bolcheviks. Cela impliquait également un grave danger pour mon propriétaire et sa famille, car dans la Russie communiste, héberger – même involontairement – un membre de la *povstantsi de Makhno* encourait souvent les pires conséquences. Je m'étonnais de l'imprudence de la jeune femme qui se retrouvait ainsi dans la gueule de l'ennemi. Mais elle expliqua que Makhno était déterminé à nous rejoindre ; il ne confierait le message à personne d'autre, c'est pourquoi elle s'était portée volontaire pour venir. Il était évident que le danger avait perdu pour elle toute terreur. « Cela fait des années que nous vivons constamment en péril », dit-elle simplement.

Dépouillée de son déguisement, elle révéla beaucoup de beauté. C'était une femme de vingt-cinq ans, avec une profusion de cheveux noir de jais d'un éclat saisissant. "Nestor avait espéré que vous et Alexander Berkman parveniez à venir, mais il a attendu en vain", commença-t-elle. "Maintenant, il m'a envoyé pour vous parler du combat qu'il mène et il espère que vous ferez connaître son objectif au monde extérieur." Tard dans la nuit, elle raconta l'histoire de Makhno qui correspondait dans tous ses aspects importants à celle que nous avaient racontée les deux visiteurs ukrainiens à Petrograd. Elle a insisté sur les méthodes employées par les bolcheviks pour éliminer Makhno et sur les accords qu'ils avaient conclus à plusieurs reprises avec lui, dont chacun avait été rompu par les communistes dès que le danger immédiat des envahisseurs était passé. Elle a parlé de la persécution sauvage des membres de l'armée de Makhno et des nombreuses tentatives des bolcheviks pour piéger et tuer Nestor. Sans cela, les bolcheviks avaient assassiné son frère et exterminé sa propre famille, y compris son père et son frère. Elle a loué le dévouement révolutionnaire, l'héroïsme et l'endurance des *povstantsi* face aux plus grandes difficultés, et elle nous a divertis avec les légendes que les paysans avaient tissées sur la personnalité de Makhno. Ainsi, par exemple, s'est développée parmi les gens de la campagne la croyance que Makhno était invulnérable parce qu'il n'avait jamais été blessé pendant toutes les années de guerre, malgré sa pratique de toujours diriger personnellement chaque charge.

Elle était une bonne causeuse et son histoire tragique était soulagée par de vives touches d'humour. Elle a raconté de nombreuses anecdotes sur les exploits de Makhno. Une fois, il avait fait célébrer un mariage dans un village occupé par l'ennemi. C'était une soirée de gala, tout le monde était présent. Pendant que les gens se réjouissaient sur la place du marché et que les soldats succombaient à la tentation de la boisson, les hommes de Makhno encerclèrent le village et mirent facilement en déroute les forces supérieures qui y étaient stationnées. Après avoir pris une ville, Makhno avait toujours pour habitude de contraindre les paysans riches, les *koulaki* , à abandonner leur excédent de richesse, qui était ensuite partagé entre les pauvres, Makhno gardant une part pour son armée. Ensuite, il convoquait une réunion des villageois, leur parlait des objectifs du mouvement *povstantsi* et distribuait ses publications.

Tard dans la nuit, la jeune femme raconta l'histoire de Makhno et de *la makhnovstchina* . Sa voix, baissée en raison du danger de la situation, était riche et douce, ses yeux brillaient de l'intensité de l'émotion. " Nestor veut que vous disiez aux camarades d'Amérique et d'Europe, " a-t-elle conclu, " qu'il est l'un d'entre eux, un anarchiste dont le but est de défendre la Révolution contre tous les ennemis. Il essaie de diriger l'esprit rebelle inné de l' Ukraine. Il estime qu'il ne peut pas y parvenir lui-même sans l'aide des anarchistes de

Russie. Il est lui-même entièrement occupé par les questions militaires et il a donc invité ses camarades de tout le pays à se charger du travail éducatif. Son projet ultime est de prendre possession d'un petit territoire en Ukraine et d'y établir une commune libre. En attendant, il est déterminé à combattre toutes les forces réactionnaires. »

Makhno tenait beaucoup à conférer personnellement avec Alexandre Berkman et moi-même, et il proposa le plan suivant. Il s'arrangerait pour prendre n'importe quelle petite ville ou village entre Kiev et Kharkov où notre voiture pourrait se trouver. Elle s'effectuerait sans aucun recours à la violence, les lieux étant pris par surprise. Le stratagème aurait l'air de nous faire prisonniers, et la protection serait assurée aux autres membres de l'expédition. Après notre conférence, nous recevrions un sauf-conduit vers notre voiture. Cela nous assurerait en même temps contre les bolcheviks, car l'ensemble du projet serait exécuté de manière militaire, semblable à un raid régulier de Makhno. Le plan promettait une aventure très intéressante et nous attendions avec impatience l'occasion de rencontrer Makhno personnellement. Nous ne pouvions pourtant pas exposer les autres membres de l'Expédition au risque que comporte une telle entreprise. Nous avons décidé de ne pas profiter de cette offre, espérant qu'une autre occasion se présenterait pour rencontrer le chef *des povstantsi* .

L'épouse de Makhno avait été institutrice dans une école de campagne ; elle possédait des informations considérables et s'intéressait intensément à tous les problèmes culturels. Elle m'a posé des questions sur les femmes américaines, pour savoir si elles étaient réellement émancipées et jouissaient de l'égalité des droits. La jeune femme était aux côtés de Makhno et de son armée depuis plusieurs années, mais elle ne pouvait se réconcilier avec l'attitude primitive de son peuple à l'égard de la femme. La femme ukrainienne, dit-elle, n'est considérée que comme un objet de sexe et de maternité. Nestor lui-même ne faisait pas exception à cette affaire. Était-ce différent en Amérique ? L'Américaine croyait-elle à la maternité libre et connaissait-elle le sujet du contrôle des naissances ?

C'était étonnant d'entendre de telles questions de la part d'une paysanne. J'ai trouvé très remarquable qu'une femme née et élevée si loin de la scène de la lutte des femmes pour l'émancipation puisse pourtant être si consciente de ses problèmes. J'ai parlé à la jeune fille des activités des femmes avancées d'Amérique, de leurs réalisations et du travail qui reste à accomplir pour l'émancipation de la femme. J'ai mentionné une partie de la littérature traitant de ces sujets. Elle écoutait avec impatience. "Je dois trouver quelque chose pour aider nos paysannes. Ce ne sont que des bêtes de somme", dit-elle.

Tôt le lendemain matin, nous l'avons vue sortir de la maison en toute sécurité. Le même jour, alors que je visitais le club anarchiste, j'ai été témoin d'un spectacle étrange. Le club avait récemment rouvert ses portes après avoir été attaqué par la Tcheka. Les anarchistes locaux se réunissaient dans les salles du club pour étudier et donner des conférences ; On y trouvait également de la littérature anarchiste. En discutant avec des amis, j'ai remarqué un groupe de prisonniers qui passaient dans la rue en contrebas. Alors qu'ils approchaient du quartier général anarchiste, plusieurs d'entre eux levèrent les yeux, ayant visiblement remarqué le grand panneau au-dessus des salles du club. Soudain, ils se redressèrent, ôtèrent leur casquette, s'inclinèrent, puis s'en allèrent. Je me suis tourné vers mes amis. « Ces paysans sont probablement *des makhnovistes* », disaient-ils ; "Le quartier général anarchiste est pour eux un lieu sacré." Comme l'âme russe est exceptionnelle, pensai-je, me demandant si un groupe d'ouvriers ou d'agriculteurs américains pouvait être assez imprégné d'un idéal pour l'exprimer de la manière simple et significative que le faisaient les *makhnovstsi* . Pour le Russe, sa croyance est en effet une source d'inspiration.

Notre séjour à Kiev a été riche en expériences et impressions variées. Ce fut une période intense au cours de laquelle nous avons rencontré des personnes de différentes couches sociales et rassemblé de nombreuses informations et documents précieux. Nous avons terminé notre visite par un court voyage sur le fleuve Dniepr pour voir quelques-uns des anciens monastères et cathédrales, parmi lesquels les célèbres Sophievski et Vladimir. Des édifices imposants, qui sont restés intacts pendant tous les changements révolutionnaires, même leur vie intérieure a continué comme avant. Dans l'un des monastères, nous avons bénéficié de l'hospitalité des sœurs qui nous ont offert du vrai thé russe, du pain noir et du miel. Ils vivaient comme si de rien n'était en Russie depuis 1914 ; c'était comme s'ils avaient passé les dernières années hors du monde. Les moines continuent toujours à montrer aux curieux les grottes sacrées de la cathédrale de Vladimir et les lieux où les saints avaient été emmurés, leurs corps ossifiés étant désormais exposés. Les visiteurs étaient quotidiennement conduits à travers les caveaux, les prêtres accompagnateurs leur montrant les cellules des célèbres martyrs et récitant les biographies des plus importants de la sainte famille. Certaines des histoires racontées étaient merveilleuses au-delà de toute crédibilité humaine, respirant une sainte superstition par tous les pores. Les soldats de l'Armée rouge de notre groupe semblaient plutôt dubitatifs face aux récits fantastiques des prêtres. De toute évidence, la Révolution avait influencé leur esprit religieux et développé une attitude sceptique à l'égard des faiseurs de miracles.

www.ingramcontent.com/pod-product-compliance
Lightning Source LLC
LaVergne TN
LVHW041659190726
843493LV00007B/1866